STEUERRATGEBER
für schlaue
RENTNER

W0171279

ULRICH GRASBERGER

STEUER-RATGEBER
für schlaue
RENTNER

Weltbild

Die veröffentlichten Ratschläge wurden mit größter Sorgfalt von Verfasser und Verlag erarbeitet und geprüft. Eine Garantie kann jedoch nicht übernommen werden. Ebenso ist eine Haftung des Verfassers bzw. des Verlages und seiner Beauftragten für Personen-, Sach- oder Vermögensschäden ausgeschlossen.
Sollte diese Publikation Links auf Webseiten Dritter enthalten, so übernehmen wir für deren Inhalte keine Haftung, da wir uns diese nicht zu eigen machen, sondern lediglich auf deren Stand zum Zeitpunkt der Erstveröffentlichung verweisen.

Es ist nicht gestattet, Abbildungen und Texte dieses Buches zu digitalisieren, auf digitale Medien zu speichern oder einzeln oder zusammen mit anderen Bildvorlagen/Texten zu manipulieren, es sei denn mit schriftlicher Genehmigung des Verlages.

Impressum
Überarbeitete 2. Auflage 2024
Copyright © 2021, 2024 Weltbild GmbH & Co. KG,
Ohmstraße 8a, 86199 Augsburg
Konzeption und Text: Ulrich Grasberger
Innenlayout: Dr. Alex Klubertanz
Lektorat: Julia Feldbaum
Umschlaggestaltung: Atelier Seidel, Teising
Umschlagmotiv: Shutterstock/Reddish
Druck und Bindung: Typos, tiskařské závody, s.r.o., Plzeň
Printed in the EU
978-3-8289-4082-6

Einkaufen im Internet:
www.weltbild.de

Inhalt

Vorwort

Muss ich als Rentner Steuern bezahlen?

Das ist die entscheidende Frage für Rentner, die bereits vor vielen Jahren in den Ruhestand gegangen sind und gehört haben, dass das steuerfreie Paradies bald vorbei sein könnte. Wenn erst mal Post vom Finanzamt kommt, ist der Steuer-Frieden Geschichte.

Es ist auf jeden Fall ratsam, rechtzeitig zu reagieren, denn sonst drohen tatsächlich Steuernachzahlungen, die zusätzlich verzinst werden.

Über 21 Millionen Rentner haben derzeit bei der Deutschen Rentenversicherung ein Rentenkonto. Davon sind mehr als 7 Millionen Rentner bereits in die Steuerpflicht gerutscht oder haben schon seit Beginn des Rentnerdaseins Steuern bezahlt. Für 2022 schätzen die Finanzbehörden mehr als 13 Milliarden Euro Einnahmen aus der Besteuerung von Renten. Die Empörung darüber ist oft groß, aber wie heißt es so schön: Mit dem Ehepartner und dem Finanzamt sollte man nicht ernsthaft streiten. Die Folgen könnten unangenehm sein.

Besser ist es also, vorher zu prüfen, ob Gefahr vom Fiskus droht. Leider ist das auf den ersten Blick gar nicht so schnell zu erkennen. Wie kommt das?

Bis zum Jahr 2005 war alles gut, Rentner mussten für ihre Ruhestandsgelder meist keine Steuern bezahlen. Waren die Einlagen zur Hälfte ja aus bereits versteuertem Geld entnommen, und nur der Ertragsanteil war steuerpflichtig. Dies galt natürlich nur dann, wenn man als Rentner keine anderen wesentlichen Einnahmen hatte. Also Mieteinnahmen oder Einnahmen über 538 Euro pro Monat aus einem Job – oder Überschüsse aus einem Gewerbe oder Einnahmen bei Freiberuflern.

Seit 2005 ist nur noch ein Teil der Rente steuerfrei, und der Rest wird mit der Summe aller anderen Einnahmen abzüglich der Pauschalen, Sonderausgaben, Werbungskosten und Freibeträge versteuert. Solange diese Summe unter dem Grundfreibetrag liegt, gibt es auch keine Steuerpflicht, und es ist auch keine Steuererklärung nötig. Für jeden Neurentner wurde der steuerfreie Teil seit 2005 dann Jahr für Jahr kleiner. Und der zu versteuernde Anteil größer.

War die Rente bei Rentenbeginn noch steuerfrei, ist es also durchaus möglich, dass durch die jährlichen Rentenerhöhungen, die zu 100 % zu versteuern sind, irgendwann der Grundfreibetrag (2024: 11 604 Euro; im Frühjahr 2024 soll der Freibetrag noch einmal auf 11 784 Euro erhöht werden) überschritten und der Rentner steuerpflichtig wird. Der Rentner, der 2005 in den Ruhestand ging, hatte einen Steuerfreibetrag für seine Rente von 50 %, und für einen Rentner, der heute in den Ruhestand geht, ist der abschmelzende steuerfreie Anteil der Rente nur noch 16 % (2024). Da ist es meist zwangsläufig so, dass bereits bei Rentenbeginn eine Steuerpflicht gegeben ist. Es lohnt sich also in jedem Fall, genauer hinzusehen.

Da die Daten über die einzelnen Rentenzahlungen regelmäßig von der Deutschen Rentenversicherung an das Finanzamt weitergegeben werden, haben die Beamten einen guten Überblick, wann eine Steuerpflicht eintritt. Die Steueridentifikationsnummer macht die individuelle Zuordnung für die Finanzämter einfach. Bei Verdacht hat das Finanzamt sogar die Möglichkeit, die Kontobewegungen einzusehen.

Rentner, die keine Steuererklärung einreichen, obwohl sie aufgrund ihrer Rentenbezüge steuerpflichtig sind oder irgendwann geworden sind, werden vom Finanzamt per Post informiert, und es besteht genügend Zeit, darauf zu reagieren, ohne dass eine Strafe droht. Wer diese Benachrichtigung allerdings ignoriert, muss damit rechnen, dass das Finanzamt die Steuerschuld einfordert und auch noch Verzugszinsen verlangt. Wenn also der steuerpflichtige Anteil der Rente inklusive der voll zu versteuernden Rentenerhöhungen jährlich rund 12 000 Euro bei Alleinstehenden übersteigt, sollte man genauer hinsehen. Dann dauert es nicht lange, bis das Finanzamt sich meldet. Für Verheiratete gilt die doppelte Summe.

Pauschalen, Freibeträge, Sonderausgaben und Werbungskosten mindern die Einnahmen, und es kommt auf die individuelle Rechnung an, ob tatsächlich der Grundfreibetrag übertroffen wird und eine Steuerpflicht vorliegt. Kapitalerträge oder Aktiengewinne werden pauschal besteuert, Minijobs sind steuerfrei und fließen deshalb nicht in diese Rechnung mit ein. Allerdings kann es günstiger sein, die Kapitalerträge statt mit der Abgeltungssteuer mit dem persönlichen Steuersatz zu versteuern, wenn das sonstige Einkommen gering ist und nahe beim Grundfreibetrag liegt.

Beispiel für die Besteuerung

Ein lediger Rentner hat im Jahr 2023 mit einem steuerfreien Anteil von 17 % erstmals eine Rente bekommen. Er hat keine weiteren Einkünfte und ist gesetzlich krankenversichert. Ab einer Brutto-Jahresrente von über 15 500 Euro muss er davon ausgehen, dass er Steuern zu zahlen hat.

Im Jahr 2015 wäre für den Neurentner wegen des höheren Steuerfreibetrags aber einem geringeren Grundfreibetrag dieser Schwellenwert für eine Steuerpflicht bei 15 083 Euro gelegen.

Diese Zahlen hat der Bundesverband Lohnsteuerhilfevereine ausgerechnet. Besonders transparent sind die deutschen Steuerregeln nicht, aber es könnte lohnend sein, sich damit zu beschäftigen, denn gerade als Rentner fließen die Einnahmen ja nicht unbedingt reichlich, und jeder zusätzliche Euro ist willkommen. Im Mittelpunkt dieses Ratgebers stehen die Einkünfte aus einer Rente und welche steuerreduzierenden Aspekte hier möglich sind. Weitere Einkunftsarten werden angeführt. Oft werden diese aber über einen Steuerberater beim Finanzamt eingereicht, was sehr empfehlenswert ist.

Ein Rat an Sie

Sehen Sie das Thema Steuern nicht als Last, sondern als Sport an. Statt Kreuzworträtsel zu lösen ist die optimale Planung und Gestaltung der Steuererklärung das ideale Gehirnjogging. Es hält jung und den Verstand fit. Die Tricks und Tipps in diesem Buch machen Spaß und sind geldwerter Vorteil. Auch wenn Sie später bei der Steuererklärung einen Profi beauftragen, sollten Sie in jedem Fall ziemlich genau wissen, worum es geht.

Warum Rentner Steuern zahlen müssen

Bis zum Jahr 2005 war für Rentner die Welt in Deutschland noch in Ordnung. Zwar wurden die Vorsorgebeträge für die spätere Rente mit 50 % versteuert, aber die Rente wurde nur mit ihrem Ertragsanteil vom Finanzamt berücksichtigt, und der war meist so gering, dass dies praktisch nie zu einer Steuerpflicht führte. Andere Einkommensarten, wie beispielsweise aus einer Vermietung oder dem Nebenjob, waren dahingegen auch vor 2005 steuerpflichtig. Die Einführung der Rentensteuer war ein Novum im Steuerrecht. Wie kam es dazu?

Pensionäre und Rentner mit einer Basisrente, wie der gesetzlichen Rentenversicherung, sollten gleichgestellt werden. Es war aber auch eine politische Entscheidung, dies über die Einführung einer Steuerpflicht für Rentner zu lösen. Die Sache ist allerdings auch auf den zweiten Blick nicht so klar und hinterlässt ein deutliches Unbehagen. Es wäre ein weiteres Buch wert, die Frage nach Steuergerechtigkeit zu untersuchen. Aber nun der Reihe nach …

Pensionäre

Der Staat sorgt für seine Beamten und Staatsdiener und verlangt im Gegenzug Loyalität. Das hat eine lange Tradition bis in die Zeit von Kaisern, Königen und Fürsten.

Beamte bezahlen keine Altersvorsorge von ihren laufenden Bezügen, bezahlen deshalb auch keine Steuern auf Vorsorgeaufwendungen und bekommen eine private Krankenbeihilfe, die später als Pensionär bis zu 70 % der Krankheitskosten abdeckt. Für den Rest der Krankheitskosten können die Staatsdiener für sich und ihre Familie jeweils eine private Krankenzusatzversicherung abschließen. Beamte gehen durchschnittlich mit 62 Jahren in den Ruhestand, Rentner mit 64 Jahren.

Letztlich ist die Pension der Beamten eine Lohnfortzahlung im Alter, die nach 40 Dienstjahren bis zu 71,75 % des letzten Gehaltes betragen kann – hier kommen zusätzlich ein Weihnachtsgeld und je nach Land und Dienstherr eventuell ein Urlaubsgeld in unterschiedlicher Höhe dazu. Dazu gibt es viele weitere soziale Regelungen für eine Dienstunfähigkeit, für einen vorzeitigen Pensionseintritt, bei einem Unfall oder für die Versorgung der Hinterbliebenen.

Die Pensionen erhöhen sich mit jeder Lohnrunde im Öffentlichen Dienst. In 2022 gab der Staat, wie Statista (siehe Grafik) dokumentiert, über 80 Milliarden für seine mehr als 1,7 Millionen Staatsdiener aus. Sowohl die Ausgaben als auch die Zahl der Pensionäre werden in Zukunft weiter ansteigen.

Diese De-facto-Lohnfortzahlung der Versorgungsbezüge der Beamten musste immer schon über das Einkommensteuergesetz nach Abzug einiger Pauschalen sowie Abschlägen und Werbungskosten versteuert werden.

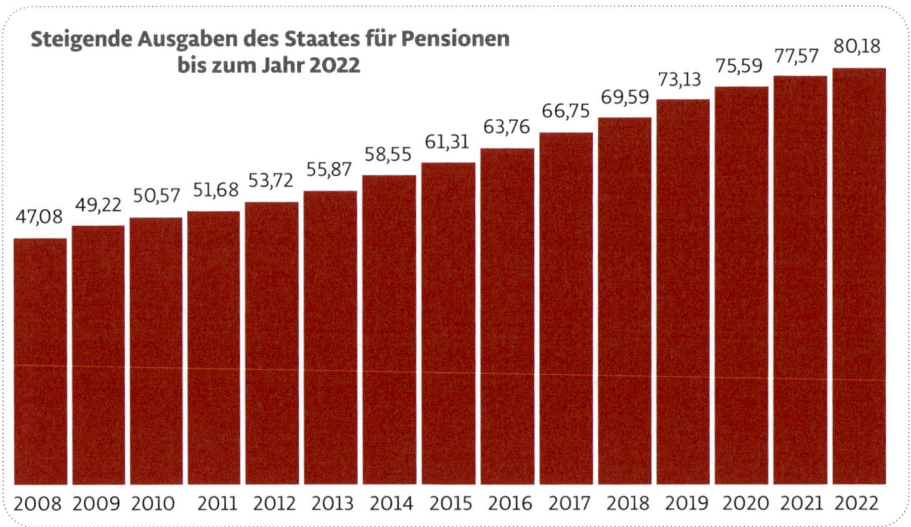

Steigende Ausgaben des Staates für Pensionen bis zum Jahr 2022

2008: 47,08 · 2009: 49,22 · 2010: 50,57 · 2011: 51,68 · 2012: 53,72 · 2013: 55,87 · 2014: 58,55 · 2015: 61,31 · 2016: 63,76 · 2017: 66,75 · 2018: 69,59 · 2019: 73,13 · 2020: 75,59 · 2021: 77,57 · 2022: 80,18

Derzeit steigen die Ausgaben für Pensionen des Staates, der Länder und Kommunen für die Staatsdiener um jährlich mehr als 3 Milliarden Euro. Die Kosten für die Altersversorgung werden in die Zukunft geschoben und späteren Generationen angelastet. Bereits heute betragen die Ausgaben für Pensionen 10 % der gesamten Steuereinnahmen. Ein Wirtschaftsunternehmen wäre pleite. (Datenquelle: https://de.statista.com/statistik/daten/studie/160022/umfrage/ausgaben-des-staates-fuer-pensionen/)

Vergleich von Pensionen und Basisrente

Pension

In der nicht ausgewiesenen fiktiven und nicht auf der Besoldungsabrechnung sichtbaren Ansparphase unversteuert

→ in der Auszahlungsphase voll versteuert

Die Höhe der Pension ist abhängig vom letzten Bruttogehalt, von Bund, Ländern und Kommunen garantiert und wird vollumfänglich aus dem laufenden Haushalt bezahlt. Übernahme von 70 % der Krankheitskosten.

Basisrente

Vor 2005: vorgelagerte Besteuerung

In der Ansparphase zur Hälfte steuerlich absetzbar, die zweite Hälfte der Vorsorgebeträge als Abzug vom Bruttolohn

→ in der Auszahlphase mit dem Ertragsanteil besteuert

Die Höhe der Rente entspricht einem je nach Einzahlungsjahr errechneten Durchschnitt und der Summe der gezahlten Beiträge. Hier gilt das Äquivalenzprinzip.

Die Hälfte der Kosten für die gesetzliche Krankenkasse oder ein Zuschuss für die freiwillige Krankenversicherung gesetzlich oder privat wurden gewährt.

Von 2005 bis 2040: Übergangsphase zu einer nachgelagerten Rentenbesteuerung

In der Ansparphase teilweise steuerlich absetzbar (seit 2023 zu 100 % Sonderausgabenabzug von 27 565 / 55 130 für Alleinstehende/Ehepaare in 2024)

→ in der Auszahlphase Rentenzahlungen ansteigend besteuert (ab 2040 zu 100 % zu versteuern).

Die Rentenhöhe entspricht dem Äquivalenzprinzip, gestützt vom Staat mit jeweils zeitlich begrenztem Versprechen für eine Renten-Mindestquote.

Übernahme der Hälfte der Kosten für die gesetzliche Krankenkasse oder Zuschuss bis maximal zur Hälfte der Kosten für freiwillige Krankenversicherung, gesetzlich oder privat, werden gewährt.

Ab 2040: In der Ansparphase steuerfrei

→ in der Auszahlphase zu 100 % zu versteuern

Rentner

Für alle, die über eine Basis-Rentenversicherung, wie der gesetzlichen Rentenversicherung, der privaten Rentenversicherung oder einem Versorgungswerk für Freiberufler, vorsorgen, stellte sich bis 2005 die Situation folgendermaßen dar:

Der angestellte Arbeitnehmer bezahlte die eine Hälfte der Altersvorsorge, die andere der Arbeitgeber. Der Arbeitgeberanteil war für den Arbeitnehmer ein unversteuerter Lohnanteil. Auf den eigenen Anteil an der Rentenvorsorge wurde vom Arbeitgeber Lohnsteuer abgeführt. Wenn es im Sonderausgaben-Posten neben der Krankenversicherung und Haftpflicht- oder Risikolebensversicherung noch eine Vakanz gab, konnten geringfügige Beträge abgesetzt werden. Der kommende Rentner hat so auf die Hälfte seiner Rentenvorsorge Steuern bezahlt, die andere Hälfte ist steuerfrei geblieben. Diese Steuer war vorgelagert.

Die anschließende Rente war steuerfrei, bis auf den Ertragsanteil, der für alle Ruheständler, die nur die Rente als Einnahme hatten, regelmäßig steuerlich nicht zum Tragen kam, da dieser geringer als der Grundfreibetrag war.

Nebenjobs jenseits der damaligen Steuerfreigrenze von 410 Euro (538 Euro in 2024) im Monat oder Einnahmen aus Vermietung und Verpachtung waren aber der Steuerpflicht unterworfen.

Freiberufler oder Selbstständige haben die ganze Rentenvorsorge aus versteuertem Einkommen geleistet, hatten aber im Ausgleich einen geringfügig höheren Sonderausgabenabzug.

Unmut über die Ungleichbehandlung

Pensionäre leisten keine in den Versorgungsbezügen sichtbaren Vorsorgebeiträge für eine Altersvorsorge und bekommen im Alter eine sichere, nachgelagert besteuerte Pension, die nicht vom Durchschnitt, sondern vom letzten Bruttolohn gerechnet wird.

Arbeitnehmer haben eine Hälfte der Rentenvorsorge vom größtenteils versteuerten Arbeitslohn bezahlt und bekommen die andere Hälfte unversteuert vom Arbeitgeber mit einem im Ergebnis insgesamt schon damals niedrigeren Rentenniveau im Vergleich zum letzten Bruttolohn, da diese Rente einen Durchschnitt vom gesamten Erwerbsleben widerspiegelt.

Ob diese Differenz der Systeme wirklich vergleichbar und dann auch noch gerecht aufzulösen ist? Das Fragezeichen ist recht groß, und es werden dazu Äpfel mit Birnen verglichen. Die Frage der Besteuerung ist ja nur ein Aspekt bei dieser Kontroverse. Auch die ungleich höhere Pension, bezogen auf die letzten Bezüge, und die Arbeitsplatzsicherheit kann nur teilweise durch eine fehlende, meist überbewertete Betriebsrente bei Beamten oder ein oft in der Argumentation angeführtes niedrigeres Monatsgehalt erklärt werden. In den Bezügen der Beamten wird rechnerisch nicht ausgeführt, welche nicht sichtbare Summe die Pensionsansprüche ausmachen und den Bezügen steuerfrei hinzugerechnet werden müssen, da der Staat als Arbeitgeber ja diese Ansprüche vollständig garantiert und sie so einen nicht unwesentlichen Anteil der Bezüge darstellen.

Sind die Zeiten schlecht, müssen Rentner eine Nullrunde bei den Renten hinnehmen. Die turnusmäßigen Steigerungen für die Pensionen sind eventuell eingetrübt von nicht ganz so optimistischen Verhandlungen bei den Versorgungsbezügen im Öffentlichen Dienst. Ein Topverdiener und Topzahler bis zur Bemessungsgrenze (in der Rentenversicherung) kann lediglich eine Rente bekommen, die der Pension eines Beamten im Mittleren Dienst entspricht, trotz möglicher Betriebsrente.

Jedenfalls war die steuerliche Ungleichbehandlung immer wieder Gegenstand von Diskussionen und hat Gerichte beschäftigt. Am 6. März 2002 hat das Bundesverfassungsgericht in letzter Instanz eine Ungleichbehandlung bei der Frage der Besteuerung festgestellt und den Gesetzgeber aufgefordert, hier Abhilfe zu schaffen.

Es ging hier immer nur um die Frage der Steuergerechtigkeit und nicht um die Frage der gerechten Höhe von Ruhestandsbezügen.

Nachgelagerte Besteuerung ab 2005

Die Beamten des Finanzministeriums haben für die Basisrenten – das sind die gesetzlichen Renten, die private Rürup-Rente und die Renten aus den Versorgungswerken – die nachgelagerte Besteuerung eingeführt. Dies sollte die Steuerungerechtigkeit beenden, also die Tatsache, dass die Beamten die Pension voll versteuern müssen und die Rentner nur für den Ertragsanteil Steuern bezahlen.

Was bedeutet die nachgelagerte Besteuerung? Vereinfacht gesagt: In der Ansparphase können die Beiträge zur Rentenvorsorge bei der Steuer geltend gemacht werden, und dafür werden die Beiträge bei der Ausschüttung der Renten steuerpflichtig.

In der Praxis ist dieses einfache Prinzip aber etwas komplizierter, weil so ein Systemwechsel nicht von heute auf morgen eingeführt werden kann. Es käme sonst in allen Fällen zu einer doppelten Besteuerung.

Eine insgesamt 35-jährige Anlaufphase haben sich Planer des Gesetzes ausgedacht. Die Ausgaben für die Altersvorsorge sind seit 2005 in einem steigenden Prozentsatz von der Steuerpflicht befreit. Der Höchstbetrag ist aber jährlich ansteigend gedeckelt. Im Jahr 2020 waren das für Alleinstehende 90 % von einer maximalen Summe von 25 046 Euro und für Verheiratete in der Summe das Doppelte. Ab 2023 sind die gedeckelten Altersvorsorgebeträge vollständig steuerlich absetzbar.

Im Gegenzug werden die Renten, gerechnet vom Renteneingangsjahr, zunehmend besteuert. Im Jahr 2040 werden die Neurentner zu 100 % besteuert. Sie konnten dann in ihrer Erwerbsbiografie die Vorsorgebeiträge in Teilen und ab dem Jahr 2023 vollständig steuerlich geltend machen.

Wer vor 2040 in Rente geht, steht vor einer etwas unübersichtlichen Situation, was die Besteuerung der Rente angeht. Wer 2020 in Rente gegangen ist, muss für 80 % der Rente Steuern bezahlen und erhält einen Freibetrag von 20 %. Spätere Rentensteigerungen werden aber zu 100 % versteuert. Da kann man schon mal den Überblick verlieren.

Wer Pech hat, zahlt zweimal

Ob das steuerlich gerecht ist, mit der nachgelagerten Besteuerung ein Gegenstück zur Besteuerung der Pensionen zu schaffen? Schwer zu sagen, denn die Sachlage ist mit einem einfachen Blick nicht zu durchschauen. Was zusätzlich verunsichert, ist, dass bereits wenige Jahre später, im Jahr 2007, ein prominentes Mitglied aus der Expertenkommission des neuen Rentenbesteuerungsmodells, Bert Rürup, darauf hingewiesen hat, dass bei der Übergangsphase eine doppelte Besteuerung vorliegt. Die Berechnung ist auf den ersten Blick nicht einsichtig, hier aber dennoch ein Hinweis: Die Experten aus dem Finanzministerium haben bei ihren Ausführungen auf unzulässige Weise den Grundfreibetrag als Bonus verbucht. Wird der herausgerechnet,

Besteuerung der Basisrente vor und nach dem Jahr 2005		
Vor 2005	Rentenbesteuerung mit Ertragsanteil	Rentenvorsorge: vorgelagerte Besteuerung mit 50 %
2005	Systemwechsel: nachgelagerte, zunehmende Besteuerung der Renten	Zunehmende Steuerbefreiung in der Ansparphase
Ab 2005	Belastung: Übergang zur nachgelagerten Besteuerung der Rente	Entlastung in der Ansparphase: anwachsender Anteil des Steuerfreibetrages
Im Jahr	Anteil der Rente, die besteuert wird in Prozent:	Steuerlich absetzbare Rentenvorsorge-Beiträge in Prozent:
2005	50	60 → Besteuerung 40 %
2006	52	62
2007	54	64
2008	56	66
2009	58	68
2010	60	70 → Besteuerung 30 %
2011	62	72
2012	64	74
2013	66	76
2014	68	78
2015	70	80 → Besteuerung 20 %
2016	72	82
2017	74	84
2018	76	86
2019	78	88
2020	80	90 → Besteuerung 10 %
2021	81	92
2022	82	94
2023	83	100 → Besteuerung 0 %
2024	84	
2025	85	1
↓	Pro Jahr ein Prozentpunkt Zuwachs	
2038	98	
2039	99	
2040	100	

und er darf hier nicht mitgerechnet werden, so geht die Rechnung nicht mehr auf, und viele der Durchschnittsrentner werden zweimal zur Kasse gebeten.

Solange das Verfassungsgericht den Tatbestand der Doppelbesteuerung nicht als rechtswidrig einstuft, ist er gültiges Recht. Gerecht ist es nicht, und es tut dem Verhältnis von Staat und Verwaltungsbeamten auf der einen Seite und den Bürgern auf der anderen auch nicht gut.

Die ganze Form der Rentenbesteuerung könnte in den kommenden Jahren eine Korrektur erfahren. Ein erster Schritt ist, dass Vorsorgezahlungen seit 2023 vollständig steuerlich absetzbar sind. Ob es auch einen Ausgleich geben wird, bleibt abzuwarten und ist eher unwahrscheinlich. Ob sich die persönlichen Einzahlungen in die Rentenkasse überhaupt rentieren, fragen Sie sich? Der entscheidende Faktor ist letztlich, wie lange Sie leben.

Die Doppelbesteuerung der Rente

Werden Rentner bei der Rente doppelt besteuert, einmal in der Ansparphase und dann ein zweites Mal in der Auszahlungsphase? Der Übergang ist tatsächlich holperig und erklärungsbedürftig.

Betroffen sein werden ehemals Selbstständige ohne steuerfreien Arbeitgeberbeitrag, aber auch Arbeitnehmer. Denn je länger die Erwerbsbiografie in die Jahre vor 2005 reicht, und je später die Rente mit einem hohen nachgelagerten Besteuerungsfaktor bezogen wird, desto höher wird auch der Anteil der doppelten Besteuerung sein.

So ist bei Rentenbeginn im Jahr 2040 die Rente voll steuerpflichtig, die hierfür eingezahlten Beiträge in der Ansparphase sind aber weniger als ein halbes Erwerbsleben – 17 Jahre lang (von 2023 bis 2039) – voll absetzbar. Weitere Beiträge wurden teilweise besteuert. Das ist eine doppelte Besteuerung. Nur wenn der Grundfreibetrag in die Rechnung miteinbezogen wird, mag sich ein ausgeglichenes Ergebnis einstellen. Der Grundfreibetrag, der das Existenzminimum sichern soll, hat aber in dieser Rechnung gar nichts zu suchen.

Um den Sachverhalt transparent darzustellen, haben wir hier drei vereinfachte Beispiele aufgeführt, die das Szenario ohne störende individuelle Faktoren mit Grenzwerten linear darstellen. Das enspricht zwar nicht ganz der Realität, aber so merken Sie schnell, dass an der Rechnung des Finanzministeriums etwas faul ist.

Beispiel 1

Die Rentenbeiträge erfolgen bis 2005. Der Rentner zahlt also bis 2005 Rentenbeiträge ein, danach bezahlt er keine Beiträge mehr und geht 2020 in Rente. Er hat 100 Anteile der Rentenansparphase, die zu 50 % versteuert sind. Seine Rente ab 2020 versteuert er aber mit 80 %. 30 % seiner Rente werden folglich doppelt besteuert.

Beispiel 2

50 Anteile der Ansparphase erfolgen bis 2005, 50 Anteile von 2005 (40 % Besteuerung) bis 2020 (10 % Besteuerung), das sind von 2005 bis 2020 eine durchschnittliche Besteuerung von 25 %. Rentenbeginn ist 2020 mit 80 % Besteuerung. In der Ansparphase wurden also 50 % + 25 %: 2, das sind 37,5 %, besteuert. In der Auszahlphase werden 80 % (20 % steuerfrei) der Rente besteuert. 17,5 % werden doppelt besteuert.

Beispiel 3

17 Anteile der Ansparphase erfolgen von 2005 bis 2022 (mit durchschnittlicher Besteuerung von 23 %), 18 Anteile von 2023 bis 2040 mit durchschnittlicher Besteuerung von 0 %. Durchschnittliche Besteuerung in der Ansparphase (23 % × 17 und 0 % × 18 sind 391 : 35), das sind gerundet 11,2 %. In der Auszahlphase ab 2040 werden 100 % besteuert. 11,2 % sind also doppelt besteuert.

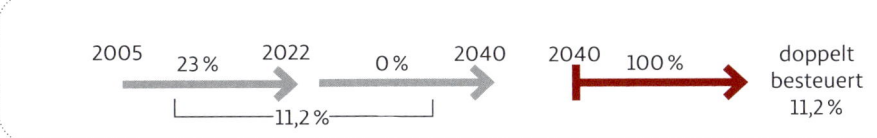

Im Einzelfall mag die Rechnung etwas anders aussehen, da die Rentenbeiträge in der Ansparphase unterschiedlich verteilt, besteuert und gewichtet sind, aber das Prinzip in dieser linearen, durchschnittlichen und gleichmäßigen Verteilung macht deutlich, dass es potenziell sehr viele Fälle von doppelter Besteuerung geben kann, je länger die Ansparphase vor 2005 stattgefunden hat und je später die Rente ausbezahlt wird.

Wie sieht meine persönliche Rechnung aus?

Individuell geht die Rechnung, um festzustellen, ob eine Doppelbesteuerung vorliegt, folgendermaßen:

Zunächst muss der steuerfreie Teil der Rente festgestellt werden. Wer 2020 in Rente gegangen ist, hat beispielsweise einen Freibetrag von 20 % für die individuelle Rentenhöhe. Dieser steuerfreie Jahresbetrag der Rente ist mit der durchschnittlichen Lebenserwartung von 18 Jahren aus der amtlichen Sterbetafel zu multiplizieren. Ist dieser Betrag niedriger als der Betrag, der während der Ansparphase versteuert wurde, liegt eine Doppelbesteuerung vor.

Der gleiche Sachverhalt noch einmal in einem Beispiel mit konkreten Zahlen:

Bei einer Rente von 1000 Euro wird mit Renteneintritt ein steuerfreier Anteil von 20 % und 200 Euro festgestellt. Das sind pro Jahr 2400 Euro und in 18 Jahren 43 200 Euro steuerfreie Rente. Dem steht ein Anteil an versteuerten Rentenbeiträgen in der Ansparphase von 50 000 Euro entgegen. In diesem konstruierten Fall würden 6800 Euro doppelt besteuert werden. Es muss nicht verwundern, dass diese Form der Berechnung umstritten ist. Die Zahlen sind nicht inflationsbereinigt.

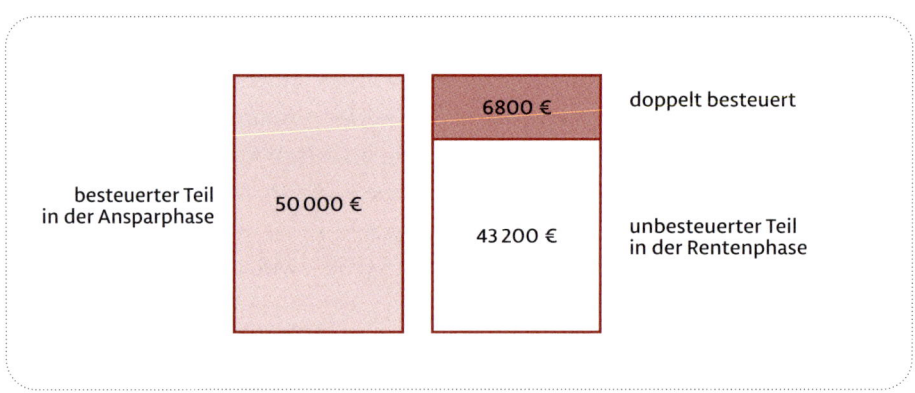

Das sagt der Bundesfinanzhof zur Doppelbesteuerung

In Bezug auf eine Doppelbesteuerung von Renten hat der Bundesfinanzhof festgestellt, dass zu den steuerfreien Rentenbezügen allein der individuelle jährliche Rentenfreibetrag und der Freibetrag eines möglicherweise länger lebenden Ehegatten aus dessen Hinterbliebenenrente hinzugerechnet werden dürfen, aber nicht der Grundfreibetrag. Dass eine Geldentwertung durch Inflation berücksichtigt wird, wurde bereits vom Bundesverfassungsgericht abgelehnt. Es dürfen also nur Nominalwerte betrachtet werden.

Der Nachweis einer Doppelbesteuerung ist für den einzelnen Bürger kompliziert. Wer hat schon alle Steuerunterlagen und -bescheide aufbewahrt? Der Nachweis wäre nur mit Unterstützung des Finanzamtes möglich.

Bislang hat es der Gesetzgeber versäumt, eine Doppelbesteuerung für die Zukunft auszuschließen. Auf entsprechende Gesetze darf man gespannt sein. Eilig scheint es das Finanzministerium damit nicht zu haben.

Das ist Steuerpolitik

Eine andere Möglichkeit der Rentenreform wäre es gewesen, die Beamtenpensionen in die gesetzliche Rentenversicherung einzugliedern. Dann wären die Renten, wie auch immer man diese besteuert hätte, nach dem gleichen Muster steuerlich behandelt worden. Ein Weg, den beispielsweise Österreich gegangen ist, ist folgender: Das Land hat seine Beamten mit Übergangsregelungen in die obligate gesetzliche Rentenversicherung eingegliedert und damit durch die zusätzlichen Beitragszahler auch die Rentenversicherung stabiler gemacht. Langfristig hätte also unser Staat für seine Staatsdiener Rentenbeiträge leisten müssen, was natürlich eine enorme Belastung für den Staatshaushalt gewesen wäre – aber die Kosten für die Pensionen hätten sich nicht in die Zukunft und die kommende Generation verschoben.

Je länger sich der öffentliche Arbeitgeber scheut, die Staatsdiener in den Generationenvertrag einzugliedern und den Arbeitgeber- sowie den Arbeitnehmeranteil transparent dazustellen und auszuweisen, desto größer wird die Rechnung, die in die kommenden öffentlichen Haushalte verschoben wird. Bereits jetzt ist dies eine Belastung in Billionenhöhe. Augen zu und durch, das ist hier eine schlechte, ja gefährliche Parole. Der Skandal ist nicht die Höhe der Pensionen, sondern die Finanzierung.

Der hohe Anteil von über 20 % Niedriglöhnern in unserem Arbeitsmarkt mit nur geringen Rentenerwartungen lassen die soziale Schere weiter auseinandergehen.

Während Beamte auch zukünftig im Ruhestand mit sicheren, kalkulierbaren Einkünften von etwa 70 % des letzten Bruttogehaltes rechnen dürfen, ist die Perspektive für gesetzlich versicherte Rentner zunehmend unsicher. Dazu entsprechen die Haltelinien von 48 % rechnerisch nur dem Durchschnittslohn oder Ecklohn und beziehen die Riester-Rente in die Rechnung mit unrealistischen Renditeprognosen mit ein. Die Riester-Rente selbst ist gescheitert, und viele Fördergelder wurden zugunsten der Versicherungswirtschaft verbrannt. Laut einer Auswertung von Finanzwende.de fließt bei einem durchschnittlichen Vertrag nahezu jeder vierte eingezahlte Euro in die Kosten. In der Spitze sind es sogar 38 von 100 Euro von Beitrag und Zulagen.

Auch für jene Arbeitnehmer, die für eine zusätzliche Betriebsrente in eine Pensionskasse einbezahlt haben, könnte am Ende ein böses Erwachen warten. Durch die langjährige Niedrigzinsphase, können einige Pensionskassen die einmal ausgelobten Rentenprognosen nicht mehr halten. Die Finanzaufsicht kontrolliert gegenwärtig 45 von 137 Pensionskassen. Ein Drittel ist also in Schwierigkeiten, und es werden in Zukunft wohl noch mehr werden. Betroffen sind vor allem regulierte Pensionskassen, die anders, als der Name suggeriert, besondere Freiheiten genießen. Sie können höhere Verzinsungen zusagen, und wenn das nicht klappt, auch Leistungen und Zusagen bei den Versicherten kürzen. Nicht alle dieser Pensionskassen sind Mitglied bei einem Protektor, einem Pensionssicherungsverein, der Verluste ausgleicht. Seit 2022 ist allerdings eine Rückversicherung Pflicht. Kommt die Branche aber erst einmal ins Rutschen, werden die Rücklagen des Protektors möglicherweise nicht ausreichen.

Normalerweise müssten die Arbeitgeber, die Verträge mit der Pensionskasse abgeschlossen haben, die Verluste ausgleichen. Dies gestaltet sich oft schwierig, und nicht selten gibt es diese Betriebe gar nicht mehr oder diese sind selbst insolvent. In der Folge wird die Betriebsrente schmaler ausfallen, als es geplant war. An einen Deutschlandfond mit einem Aktienportfolio speziell für die Rentenvorsorge – ohne Gebühren und einfach für zukünftige Rentner zu zeichnen – traut sich die Politik gegen die Widerstände der Finanzwirtschaft nicht heran. Aber nur so ließe sich die Niedrigzinsphase für spätere Ruhegeldempfänger abmildern. Phasen der Inflation für Verbraucherpreise und Vermögenswerte wie Immobilien oder Aktien sowie steigende Kreditzinsen werden zu einem dicken Problem.

Rentenirrtümer

Irrtum 1: Die Rente ist steuerfrei.

Viele Rentner zahlen keine Steuern, aber die Rente war nie ein steuerfreies Einkommen. Bis zum Jahr 2005 wurde die Rente nur nach dem Ertragsanteil besteuert, die Grenze zu einer Steuerpflicht über dem Grundfreibetrag war da meistens sehr weit entfernt, weshalb der Eindruck der Steuerfreiheit entstanden ist. Seit dem Jahr 2005 und später wird für die Rente je nach Rentenbeginn ein schrumpfender Freibetrag ermittelt. Dieser Betrag wird prozentual für das Renteneintrittsjahr und als fester Freibetrag für das komplette erste vollständige Rentenjahr, also nicht für das Rumpfjahr, festgelegt. Beispielsweise ist der Renteneintritt im April 2024. Dann ist das Jahr 2024 das Rumpfjahr, das den prozentualen Freibetrag festlegt, in diesem Jahr sind das 16 %. Dieser prozentuale Freibetrag wird dann auf das erste vollständige Rentenjahr und die Summe der Rentenbezüge, in unserem Beispiel das Jahr 2025, angesetzt.

Wer im Jahr 2005 oder früher in Rente gegangen ist, bekommt einen Freibetrag von 50 %, und für das erste komplette Rentenjahr nach Renteneintritt werden genau diese 50 % dann als fester gleichbleibender Steuerfreibetrag festgeschrieben. Bei einem Renteneintritt im Jahr 2024 sind das dann noch 16 %. Spätere Rentenerhöhungen, die Rentenanpassung, müssen jeweils zu 100 % versteuert werden, da der Rentenfreibetrag ja nicht mitwächst, sondern gleich bleibt. Anders, als man es als Arbeitnehmer gewohnt ist, wird die Rente brutto ausbezahlt, nur der Krankenkassenbeitrag wird bei den in der gesetzlichen Krankenkasse Pflichtversicherten abgezogen. Die Einnahmen aus der Rente werden wie die Einnahmen von Selbstständigen nachgelagert nach der Auszahlung besteuert. Das Finanzamt erhebt dazu von steuerpflichtigen Rentnern eine Steuervorauszahlung, die meist quartalsmäßig abgebucht wird.

Irrtum 2: Für die Steuer brauche ich keine Belege mehr.

Für die Steuererklärung werden tatsächlich meist keine Belege mehr benötigt. Wer seine Steuererklärung elektronisch über www.elster.de erledigt, muss also keine Belege hochladen oder extra an das Finanzamt senden. Viele Steuerinformationen bekommt das Finanzamt sowieso über einen automatischen Informationsaustausch. Allerdings müssen die Belege für das Finanzamt bereitgehalten und können jederzeit angefordert werden. Das Sammeln von Belegen ist also weiterhin nötig.

Irrtum 3: Rentner müssen keine Steuererklärung abgeben.

Wer Einnahmen aus der Rente bezieht – und diese nach Abzug des Freibetrages und weiterer Pauschalen unterhalb des Grundfreibetrages bleiben –, wird auch vom Finanzamt keine Aufforderung für eine Steuererklärung bekommen. Wobei ein Minijob als zusätzliche Einnahmequelle nicht steuerschädlich ist, weil für diesen ja bereits vorab pauschal die Steuer abgegolten wurde. Überschreitet das zu versteuernde Einkommen irgendwann den Grundfreibetrag, beispielsweise durch die vollständig ohne Freibetrag zu versteuernden Rentenerhöhungen, wird sich das Finanzamt melden und eine Steuererklärung verlangen.

Das gilt auch, wenn es andere Einnahmen – beispielsweise aus einem steuerpflichtigen Nebenjob, Gewerbeeinnahmen, wie die Vergütung des eingespeisten Stroms der Solarmodule auf dem Dach, oder Mieteinnahmen – gibt, die eine Einkommensteuererklärung erfordern.

Irrtum 4: Ich zahle keine Krankenversicherungsbeiträge.

Wer Mitglied in der Krankenversicherung der Rentner ist, hat den besonderen Service, dass die gesetzliche Rentenversicherung den halben Krankenkassenbeitrag direkt von der Rente abzieht und zusammen mit der als Zuschuss gewährten anderen Hälfte direkt an die Krankenkasse überweist. Auch Rentner müssen einen einkommensabhängigen Krankenkassenbeitrag und den vollständigen Beitrag zur Pflegeversicherung bezahlen.

Freiwillig gesetzlich oder privat Krankenversicherte bekommen auf Antrag einen Zuschuss zur Krankenversicherung über 7,3 % der Rentenhöhe zuzüglich des halben durchschnittlichen Zusatzbeitrages von 1,7 % in 2024 und maximal der Hälfte des Krankenkassenbeitrags in der Basisabsicherung. Im Jahr 2024 sind das also 8,15 %. Für die Pflegeversicherung gibt es keinen Zuschuss.

Irrtum 5: Zu spät abzugeben ist kein Problem.

Wer selbst die Steuererklärung abgibt, genießt in der Regel eine Frist bis zum 31. Juli im Folgejahr. Für das Steuerjahr 2023 ist das wegen der Corona-Pandemie ausnahmsweise der 2. September 2024. In den Folgejahren ist es dann wieder der 31. Juli. Nur Steuerberater und Steuerhilfevereine haben längere Fristen. Für das Steuerjahr 2023 ist das beispielsweise der 2. Juni 2025. Danach gelten keine Entschuldigungen mehr.

Wer also den 31. Juli aus triftigen Gründen nicht einhalten kann, sollte sich bei seinem Finanzbeamten melden. Eine Fristüberziehung kann teuer werden. Nach dem 28. Februar hat der Finanzbeamte keinen individuellen Spielraum mehr und muss einen Verspätungszuschlag von mindestens 25 Euro verlangen.

Irrtum 6: Alle Versicherungen sind steuerlich absetzbar.

Das ist nicht richtig, denn es kommt auf die jeweilige Art der Versicherung an. Ausgaben für alle Vorsorgeversicherungen – wie Unfall-, Haftpflicht-, Kfz-Haftpflicht- und Krankenzusatzversicherungen – können steuerlich geltend gemacht werden. Andere Policen, die einen möglichen materiellen Schaden ausgleichen, wie Hausrat-, Handy- oder Kaskoversicherung, werden nicht begünstigt. Auch Kapitallebensversicherungen, die nach 2005 abgeschlossen wurden, können nicht mehr steuerlich abgesetzt werden.

Der begünstigte Steuertopf ist allerdings sehr klein. Er ist limitiert auf nur 1900 Euro für Angestellte, bei Selbstständigen und Freiberuflern sind es 2800 Euro.

In diesem Steuertopf sind aber schon die gesetzlichen Sozialversicherungsbeiträge, also Kranken- und Pflegeversicherungsbeiträge. Meist ist damit der Topf bereits reichlich gefüllt, und weitere Versicherungen haben keine entsprechenden steuerlichen Auswirkungen mehr.

Rentenbeiträge in der Ansparphase zur Altersvorsorge innerhalb der Basisvorsorge sind seit 2023 steuerfrei gestellt. Dazu gehören die Beiträge zur gesetzlichen Rentenversicherung, zur berufsständischen Vorsorgeversicherung oder zur Rürup-Rente.

Im Jahr 2024 sind das 27 565 Euro bei Alleinstehenden und 55 130 Euro für verheiratete Paare, die als Altersvorsorgeleistung innerhalb der jährlich steigenden Bemessungsgrenze vollständig steuerlich abgesetzt werden können.

✪ **Tipp:** *Haben Sie als Rentner noch einen Job? Dann können Sie bei einem bereits vollen Versicherungstopf die Beiträge zu einer privaten Unfallversicherung ohne Beitragsrückgewähr zur Hälfte statt als Vorsorgeaufwendungen als Werbungskosten für berufliche Aufwendungen absetzen. Das gilt auch für den beruflichen Anteil einer Rechtsschutzversicherung. Rechtsschutzversicherer weisen den beruflichen Beitragsanteil aus.*

Irrtum 7: Mit Erreichen der Regelaltersgrenze wird die Rente automatisch ausbezahlt.

Nur wenn Sie einen Rentenantrag stellen, wird die Rente überwiesen. Bei einer Altersrente ist es empfehlenswert, den Antrag rund drei bis vier Monate vor dem geplanten Rentenbeginn zu stellen. Der Rentenverlauf bei der gesetzlichen Rentenversicherung sollte aber zu diesem Zeitpunkt bereits lückenlos geklärt sein.

Sind Sie freiwillig gesetzlich oder privat krankenversichert? Dann müssen Sie für den Zuschuss der Rentenversicherung zur Krankenversicherung ebenfalls einen Antrag stellen. Die private Krankenversicherung füllt Ihnen das Formblatt aus und bestätigt den Krankenversicherungsbeitrag.

Irrtum 8: Zur Rente kann man unbegrenzt hinzuverdienen.

Ja, das stimmt, wenn Sie die Regelaltersgrenze erreicht haben und die reguläre Altersrente beziehen.

Das ist neu. Auch wenn Sie vorzeitig in Rente gegangen sind, können Sie seit 2023 unbegrenzt hinzuverdienen. Wenn Sie als Angestellter darauf verzichten, sich von der Rentenversicherungspflicht befreien zu lassen, können Sie weiter Rentenbeiträge einzahlen, von denen Ihr Arbeitgeber die Hälfte übernimmt. Das steigert die Rente, die jeweils am 1. Juli neu berechnet wird.

Dies gilt nicht uneingeschränkt für eine Erwerbsminderungsrente. Hier ergibt sich ab 2024 bei Renten mit einer teilweisen Erwerbsminderung eine Hinzuverdienstgrenze von 37 117,50 Euro, bei Renten wegen voller Erwerbsminderung von 18 558,75 Euro (Stand: 1. 1. 2024). Die Beschäftigung darf nur innerhalb des festgestellten Leistungsvermögens ausgeübt werden, sonst ist der Anspruch auf die Rente trotz Einhaltung der Hinzuverdienstgrenzen gefährdet.

Irrtum 9: Handwerkerkosten kann man nur in vermieteten Immobilien absetzen.

Als Vermieter können Sie die Renovierungskosten komplett absetzen und gegen Mieteinnahmen gegenrechnen.

Bei der selbst bewohnten Wohnung lassen sich 20 % der Handwerkerkosten ohne Materialkosten im Jahr absetzen. Allerdings gilt eine Obergrenze von 1200 Euro im Jahr. Bedingung ist, dass die Rechnung per Überweisung bezahlt wurde. Bei einer gemieteten Wohnung ist es besser, die Handwerkerrechnung mit der dann richtigen Rechnungsadresse an den Vermieter weiterzugeben, da er die ganzen Kosten geltend machen kann, und dafür einen Ausgleich über die Miete zu vereinbaren.

Für eine energetische Sanierung des Wohneigentums gibt es unterschiedliche Fördertöpfe. Oft ist für den Antrag ein Energieberater nötig. Fragen Sie vorher, was dieser kostet und welche Leistung erbracht wird. Vergleichen Sie das Angebot. Da gab es bisweilen ein böses Erwachen, auch wenn die Hälfte der Rechnung zusätzlich zur Fördersumme erstattet wird.

Irrtum 10: Rentner, die im Ausland leben, sind steuerbefreit.

Es gilt, dass der Quellstaat, in dem die Einkünfte erzielt werden, auch berechtigt ist, Steuern zu erheben, so zum Beispiel für die Rente oder eine Vermietung. Geregelt wird die Steuerpflicht – und welches Land die Steuern erheben darf – über ein Doppelbesteuerungsabkommen, das diese Doppelbesteuerung vermeiden soll. Mit vielen, aber nicht mit allen Ländern, hat Deutschland so eine Vereinbarung getroffen. All diese Vereinbarungen sind sehr unterschiedlich, und es gibt keine Regeln. Zudem macht es einen Unterschied, ob der Aufenthalt im Ausland dauerhaft oder vorübergehend ist. Für alle Rentner im Ausland ohne deutschen Wohnsitz gibt es ein spezielles Finanzamt, das auch die Steuerpflicht feststellen kann: das Finanzamt Neubrandenburg mit der Internetadresse www.finanzamt-rente-im-ausland.de. Schon die Webseite hat hohen Informationswert.

Nur wenn Sie unbeschränkt steuerpflichtig sind, können Sie die Steuervorteile für Freibeträge in Deutschland beanspruchen.

Bin ich als Rentner immer steuerpflichtig?

Jeder durchschnittliche Neurentner mit 40 Berufsjahren und 40 Rentenpunkten ohne größere steuermindernde Ausgaben ist steuerpflichtig. Wer eine Planung für seine Finanzen als Ruheständler machen möchte, muss dies berücksichtigen. Das Bundesfinanzministerium hat ausgerechnet, dass ein alleinstehender Neurentner im Steuerjahr 2023 ab einer Bruttorente von mehr als 1306 Euro monatlich in die Steuerpflicht rutscht. Im Jahr 2022 waren das etwa 1325 Euro. Hat er Extraeinnahmen aus einem Nebenjob mit einem Monatseinkommen von über 538 Euro (ab Januar 2024 liegt die Grenze für Minijobs bei 538 Euro), bekommt er eine zusätzliche Betriebsrente oder verfügt über Mieteinnahmen, dann ist die Verpflichtung für eine Einkommenserklärung zwangsläufig gegeben. Bei verheirateten Paaren mit einer gemeinsamen Steuererklärung gelten die doppelten Steuergrenzen.

Leute, die bereits in früheren Jahren in Rente gegangen sind, bislang keine Steuern bezahlen mussten und nur Einkünfte aus der Rente haben, können sich nicht in Sicherheit wähnen, denn alle Rentenerhöhungen in den vergangenen Jahren seit Rentenbeginn sind zu 100 % einkommensteuerpflichtig. Während der bei Renteneintritt steuerfreie Teil der Rente als Eurobetrag konstant bleibt, nimmt der steuerpflichtige Betrag also zu.

In 2023 haben sich die gesetzlichen Renten um 4,39 % (West) und 5,86 % (Ost) erhöht. Das führte dazu, dass etwa 100 000 Altrentner neu in die Steuerpflicht gerutscht sind, trotz höherem Grundfreibetrag von 10 908 Euro (2023). Rund ein Drittel der 21 Millionen Rentner sind steuerpflichtig.

Wenn aus anderen Einkommensquellen keine steuerpflichtigen Einnahmen vorhanden sind, müssen Rentner aber nicht jedes Jahr aufpassen und nachrechnen, ob sie steuerpflichtig geworden sind. Die Finanzämter wissen sehr genau Bescheid und haben Einsicht in die Rentenbezugsmitteilungen, die alle Rentenzahlungen, also auch Betriebsrenten, private Renten oder Leistungen der Versorgungswerke und

Pensionskassen, umfasst. Tritt der mutmaßliche Fall einer Steuerpflicht ein, wird das Finanzamt auf diesen Umstand aufmerksam machen. Dann muss zügig eine Steuererklärung erstellt und innerhalb der angegebenen Fristen eingereicht werden.

Wer allerdings darauf vorbereitet ist und mitgerechnet hat, wann er steuerpflichtig wird, kann sich vorbereiten und für das Jahr steuermindernde Belege sammeln und die Möglichkeit nutzen, der Steuerabgabe vielleicht doch noch zu entkommen. Wer überrascht wird, hat oft keine Unterlagen oder Belege und keine Vorstellungen, wie er seine Steuererklärung bestmöglich gestalten kann. Die Aufforderung des Finanzamtes, eine Steuererklärung abzugeben, heißt ja nicht automatisch, dass Steuern fällig werden. Gibt es genügend Ausgaben, die das Einkommen reduzieren und unter den Grundfreibetrag (in 2024: 11 604 Euro, Stand 1.1.2024) drücken, sind auch keine Steuern oder Steuernachzahlungen fällig. Gut für denjenigen, der in der Schublade entsprechende Belege und Nachweise gesammelt hat. Zwar will das Finanzamt bei der Steuererklärung keine Belege mehr sehen, aber diese können angefordert werden.

Angestellte sind es gewohnt, dass der Arbeitgeber die Lohnsteuer einbehält und an das Finanzamt abführt. Mit einer Steuererklärung kann der Steuerpflichtige zu viel bezahlte Steuern wieder zurückbekommen. Bei der Rente ist das anders. Der Rentner bekommt seine Rente brutto ohne Steuerabzug ausbezahlt. Lediglich Beiträge zur Krankenkasse der Rentner werden einbehalten. Freiwillig gesetzlich Versicherte oder privat Krankenversicherte bekommen einen Zuschuss über 7,3 % der Rentenhöhe plus den halben Zuschlag und maximal die Hälfte der Krankenkassenprämie in der Basisabsicherung. Allerdings muss ein Antrag dafür gestellt werden.

Stellt das Finanzamt aufgrund der Steuererklärung und der vorliegenden Daten eine Steuerpflicht fest, so wird es eine Nachzahlungsforderung geben. In früheren Jahren nach Einführung der Rentenbesteuerung kam es sogar vor, dass Nachzahlungen für mehrere Jahre fällig wurden – plus Zinsen. Für die kommenden Jahre verlangt das Finanzamt auf Basis des Bescheides eine quartalsweise Vorauszahlung. Darauf sollte man vorbereitet sein. Da als Rentner die Einkünfte nicht unbedingt sprudeln, kann das ohne Rücklagen schon mal knapp werden. Die Rente ist kein Nettoverdienst, und ein Teil des Geldes muss jeden Monat zurückgelegt werden.

Übertrifft die Rente wegen einer Rentenerhöhung den Grundfreibetrag, dann ist das wegen der beginnenden Steuerpflicht nicht mehr die reine Freude. Schon deshalb sollte man bestrebt sein, alle Möglichkeiten zu kennen und zu nutzen, um eine Steuerpflicht zu vermeiden oder in der Höhe zumindest zu vermindern.

Maximale Höhe einer steuerunbelasteten Jahresbruttorente im Jahr 2023				
Jahr des Rentenbeginns (maßgeblich für den Besteuerungsanteil)	Höchste Jahresbrutto- rente 2023, die noch steuerun- belastet bleibt	entspricht: Monatsbrutto- rente (1. Halb- jahr) [2]	entspricht: Monatsbrutto- rente (2. Halb- jahr) [2]	Besteuerungs- anteil nach dem Jahr des Rentenbeginns
bis 2005	19 030	1541	1631	50
2006	18 651	1510	1598	52
2007	18 334	1484	1571	54
2008	18 139	1469	1555	56
2009	17 891	1449	1533	58
2010	17 553	1421	1504	60
2011	17 300	1401	1483	62
2012	17 120	1386	1467	64
2013	16 937	1371	1452	66
2014	16 719	1354	1433	68
2015	16 585	1343	1421	70
2016	16 458	1332	1411	72
2017	16 247	1315	1392	74
2018	16 028	1298	1374	76
2019	15 811	1280	1355	78
2020	15 510	1256	1329	80
2021	15 442	1250	1323	81
2022	15 458	1252	1325	82
2023	15 244	1234	1306	83

1) Angaben sind Näherungswerte für alleinstehende Rentner; sie gelten nur für Renten aus der gesetzlichen Rentenversicherung, den landwirtschaftlichen Alterskassen, den berufsständischen Versorgungseinrichtungen und Basisrentenverträgen und nur dann, wenn keine anderen, steuerlich relevanten Einkünfte vorliegen. Bis zu welcher Bruttojahresrente im Einzelfall keine Steuern zu zahlen sind, hängt von weiteren persönlichen Merkmalen ab. Berechnungsannahmen: Rentensteigerungen Ost; allgemeiner Beitragssatz zur gesetzlichen Krankenversicherung ohne kassenindividuellen Zusatzbeitragssatz, voller Beitragssatz zu Pflegeversicherung ohne Zuschlag für Kinderlose.

	je nach Jahr des Rentenbeginns bzw. des Besteuerungsanteils [1]				
ergibt: betragsmäßig festgeschriebenen steuerfreien Teil der Rente [3]	ergibt: der Besteuerung unterliegenden Anteil der Rente	davon geht ab: Werbungskostenpauschbetrag	davon geht ab: Sonderausgabenpauschbetrag	davon gehen ab: abzugsfähige Vorsorgeaufwendungen	zu versteuerndes Einkommen (entspricht dem Grundfreibetrag 2023)
5979	13 051	102	36	2005	10 908
5640	13 011	102	36	1965	10 908
5356	12 978	102	36	1932	10 908
5182	12 957	102	36	1911	10 908
4960	12 931	102	36	1885	10 908
4658	12 895	102	36	1849	10 908
4432	12 868	102	36	1822	10 908
4271	12 849	102	36	1803	10 908
4106	12 831	102	36	1785	10 908
3911	12 808	102	36	1762	10 908
3792	12 793	102	36	1747	10 908
3678	12 780	102	36	1734	10 908
3489	12 758	102	36	1712	10 908
3293	12 735	102	36	1689	10 908
3099	12 712	102	36	1666	10 908
2830	12 680	102	36	1634	10 908
2769	12 673	102	36	1627	10 908
2783	12 675	102	36	1629	10 908
2592	12 652	102	36	1606	10 908

2) Differenzen in der Summe durch Rundung

3) Im Jahr, das auf den Rentenbeginn folgt

Das deutsche Steuersystem aus Sicht des Rentners

Die meisten Ruheständler werden in der Hauptsache Einkünfte aus Renten oder aus der Pension beziehen. Sie sind unbeschränkt steuerpflichtig, wenn der überwiegende Hauptwohnsitz in Deutschland ist und das Einkommen auch ausschließlich in Deutschland versteuert wird. Die folgenden Seiten geben einen Überblick über das Steuersystem, das ich dann detailliert zu den Rentner betreffenden Aspekten beleuchten möchte.

Steuerpflichtig ist in Deutschland der, dessen Einkommen nach allen steuermindernden Abzügen, Freibeträgen, Pauschalen, Sonderausgaben oder Werbungskosten den Grundfreibetrag übersteigt. Nicht die Bruttoeinnahmen werden versteuert, sondern das zu versteuernde Einkommen, also der Wert nach allen Abzügen.

Entwicklung des Grundfreibetrags		
Jahr	Grundfreibetrag für Ledige	Grundfreibetrag für Verheiratete bei gemeinsamer Veranlagung
2024*	11 604 Euro (Stand 1.1.2024)	23 208 Euro
2023	10 908 Euro	21 816 Euro
2022	9984 Euro	19 968 Euro
2021	9744 Euro	19 488 Euro
2020	9408 Euro	18 816 Euro
2019	9168 Euro	18 336 Euro
2018	9000 Euro	18 000 Euro
2017	8820 Euro	17 640 Euro
2016	8652 Euro	17 304 Euro
* Für das Jahr 2024 wurde der erwartete Wert eingetragen		

Werden verheiratete Paare gemeinsam veranlagt, so ist der steuerfreie Betrag doppelt so hoch. Da Paare selten genau gleich viel verdienen, ist eine gemeinsame Veranlagung in den meisten Fällen günstiger. Der Grundfreibetrag wird jedes Jahr neu ermittelt und steigt von Jahr zu Jahr.

Mein Finanzamt

Zuständig für die Steuern ist das Wohnsitzfinanzamt. Der Wohnsitz ist dort, wo Sie sich überwiegend aufhalten. Rentner, die im Ausland leben und keine sonstigen Einkünfte aus Deutschland haben, versteuern die Rente im Finanzamt Neubrandenburg (siehe Seite 65). Im Ausland lebende Pensionisten erklären ihre Steuer dort, wo auch die Auszahlung der Pension aus der öffentlichen Kasse erfolgt.

Die Frist für die Abgabe der Einkommensteuererklärung ist ab 2024 der 31. Juli im Folgejahr. Wenn Sie einen Steuerberater beauftragen, der dann die Erklärung einreicht, verlängert sich die maximale Frist bis zum übernächsten Jahr. Die Steuererklärung für 2023 muss z. B. spätestens am 2. Juni 2025 beim Finanzamt vorliegen.

Der Hauptvordruck in der Steuererklärung

Alle Steuerpflichtigen haben gegenüber dem Finanzamt den Hauptvordruck, früher Mantelbogen genannt, auszufüllen. Er enthält die persönlichen Angaben, Steuernummer, Bankverbindung oder Angaben zur Religionszugehörigkeit oder die Erklärung für eine gemeinsame Steuererklärung für Ehepaare.

Ist die gesetzliche Rente die einzige Einnahmequelle und gibt es keine weiteren steuerentlastenden Merkmale, dann ist die Steuererklärung für Rentner tatsächlich schon erledigt. Auf elektronischem Weg erhält das Finanzamt alle Angaben über die Rentenhöhe sowie die geleisteten Krankenkassenbeiträge. Die pauschalen Freibeträge werden vom Finanzamt selbst eingefügt und berücksichtigt.

Das ist bequem, aber steuerpflichtige Rentner verschenken so in den meisten Fällen Geld. Spenden, Mitgliedsbeiträge, außergewöhnliche Belastungen, Handwerkerrechnungen, Haushaltshilfe, Fahrten mit dem Pkw – es gibt viele weitere Möglichkeiten, Steuern zu sparen, die so ungenutzt bleiben.

Diese Ausgaben können auf den entsprechenden Anlagen dem Hauptvordruck hinzugefügt und steuerlich geltend gemacht werden. Es gibt folgende Anlagen:

Anlage Kind

Dies gilt, falls eigene Kinder oder Enkelkinder im Haushalt leben.

Anlage Vorsorgeaufwand

Hier werden Versicherungsbeiträge ausgewiesen.

Anlage Sonderausgaben

Hier werden Ausgaben wie Kirchensteuer oder Spenden angegeben.

Anlage außergewöhnliche Belastungen

Hier geht es um Krankheitskosten, Kosten für das selbst bezahlte Implantat, Ausgaben für Hilfeleistungen bei Behinderung etc.

Anlage haushaltsnahe Aufwendungen

Hier ist Platz für Rechnungen von Handwerkern, Betreuungsleistungen, Hausreinigung, Gartenarbeit etc.

Die sieben Einkunftsarten

Wie bei den sieben Plagen in der Bibel aus der Offenbarung des Johannes kennt das Steuerrecht sieben steuerpflichtige Einkunftsarten. Es gibt Gewinneinkünfte und Überschusseinkünfte. Einkünfte zusätzlich zur Rente führen regelmäßig zur Pflicht, eine Steuererklärung abzugeben. Wir erwähnen diese hier vollständig, auch wenn sie für Rentner nur noch teilweise von Bedeutung sind.

Gewinneinkünfte

Die Gewinnermittlung kann über eine Bilanzierung und Gewinn- und Verlustrechnung sowie eine Einnahme-Überschuss-Rechnung ermittelt werden. Das ist etwas für geübte Kaufleute oder den Steuerberater.

1 Einkünfte aus Land- und Forstwirtschaft: Anlage L

Landwirte arbeiten häufig auch nach der Regelaltersgrenze und nach dem Rentenbeginn in ihrer Landwirtschaft weiter und erzielen Einkünfte.

2 Einkünfte aus Gewerbebetrieb: Anlage G

Wer es gewohnt ist, selbstständig zu arbeiten, sei es im Handel, im Handwerk, bei Dienstleistungen oder als Berater, hat oft auch im Rentenalter noch Einkünfte.

3 Einkünfte aus selbstständiger Arbeit: Anlage S

Freiberufler können sich ihren Arbeitseinsatz einteilen, und die Kompetenz ist auch im Rentenalter gefragt.

Überschusseinkünfte

Zu all diesen Einkünften können Werbungskosten angerechnet werden. Das sind Kosten, die nötig sind, um den Erwerb dieser Einkünfte zu sichern: Fahrtkosten, Arbeitsmaterial, Berufskleidung und Ähnliches.

4 Einkünfte aus nicht selbstständiger Arbeit: Anlage N

Hier geben Pensionäre ihre Alterseinkünfte an. Betriebsrenten fallen darunter sowie der Nebenjob während der Rente.

5 Einkünfte aus Kapitalvermögen: Anlage K

Zinsen, Dividenden, Gewinne aus Aktienverkäufen – dabei können Verluste gegengerechnet werden. Rentner haben oft für das Alter vorgesorgt und versuchen, das Ersparte bestmöglich anzulegen.

6 Einkünfte aus Vermietung und Verpachtung: Anlage V

Eine vermietete Wohnung ist eine willkommene Aufstockung, um die Rentenlücke auszugleichen und den Lebensstandard aufzubessern.

7 Sonstige Einkünfte: Anlage SO, Anlage R, Anlage AUS

Darunter fallen neben der gesetzlichen und privaten Rente Renten aus Versorgungs-werken für Freiberufler, die Rürup-Rente, die Riester-Rente sowie weitere Einkunfts-arten mit jeweils eigenen Anlagen – wie unten genannt.

7.1 Anlage SO

Hier sind gewinnbringende Veräußerungsgeschäfte gemeint, wie z. B. der Verkauf des Oldtimers, der teuren Uhr, der Schmuck- und Möbelstücke.

7.2 Renten: Anlage R

Das ist das richtige Formular für Ihre Renten. Die Besteuerung kann je nach Rentenart unterschiedlich sein. Auch Renten aus dem Ausland sind im Wohnsitzland Deutsch-land steuerpflichtig. Meist gibt es Regelungen zur Vermeidung einer Doppelbesteue-

Ihren Ruhestand bestreiten Rentner oft aus diesen Einnahmequellen

Rente	Vermietung	Kapitalanlagen
Einkommen durch gesetzliche Rente, Rente aus Versorgungs-werken, Rürup-Rente, private Rentenversi-cherung, Betriebsrente, Pension	Einkommen durch Vermietung von Wohneigentum	Erträge aus verschie-denen Anlagefor-men: Kapitalzinsen, Dividende

rung. Das kann aber kompliziert werden. Für Einnahmen aus Auslandsrenten müssen Krankenkassenbeiträge in der gesetzlichen Krankenkasse bezahlt werden.

7.3 Ausländische Einkünfte: Anlage AUS

Einkünfte aus dem Ausland. Die steuerliche Behandlung kann je nach Fall kompliziert sein, und ein Steuerberater ist sicher hilfreich.

Übersicht zur Prüfung der Steuerpflicht

Wer als Rentner prüfen möchte, ob er steuerpflichtig ist, oder sich schon gedanklich auf die Abgabe einer Steuererklärung einstimmt, der muss sich mit folgenden Themen beschäftigen:

- ❯ Ist Ihr Wohnsitz überwiegend in Deutschland? ☐
  Für Rentner mit überwiegendem Wohnsitz im Ausland (also mehr als 183 Tage im Jahr) gelten je nach Aufenthaltsort möglicherweise besondere Regeln. Rentner mit Renten aus dem Ausland müssen prüfen, ob es ein Doppelbesteuerungsabkommen gibt, das eine doppelte Besteuerung ausgleicht.
- ❯ Sind Sie alleinstehend oder verheiratet? ☐
  Wer verheiratet ist, kann die Splittingtabelle für die Besteuerung ansetzen. Bei ungleichen Einkommensverhältnissen zwischen den Partnern ist das meist von Vorteil.
- ❯ Leben ein Kind oder mehrere Kinder im Haushalt? ☐
  Das können die eigenen Kinder sein oder Enkelkinder/Pflegekinder. Für Kinder bis zum Ende der ersten Ausbildung, maximal bis zum 25. Lebensjahr, ist Kindergeld oder ein Kinderfreibetrag möglich. Das Finanzamt ermittelt, was für den Steuerzahler günstiger ist. Für behinderte Kinder gilt das auch über das 25. Lebensjahr hinaus. Danach können eventuell Unterhaltskosten als außergewöhnliche Belastung angesetzt werden.
- ❯ Wie hoch ist mein steuerlich anrechenbarer Vorsorgeaufwand? ☐
  Dazu zählen Versicherungsbeiträge, die der persönlichen Vorsorge dienen, wie Kranken- und Pflegeversicherung, Haftpflichtversicherung etc.

❷ Sind Sonderausgaben vorhanden?   ☐
   Parteispenden, Spenden, Kirchensteuer oder Unterhaltsleistungen sind steuermindernd.
❷ Haben Sie außergewöhnliche Belastungen?   ☐
   Selbst zu tragende Krankheitskosten, eine Behinderung und ein Pflegepauschbetrag werden teilweise steuerlich berücksichtigt. Gerade bei Krankheits- und
   Pflegekosten gibt es allerdings strittige Punkte.
❷ Haben Sie haushaltsnahe Aufwendungen?   ☐
   20 % davon und maximal 4000 Euro können für diese Hilfsleistungen im
   Haushalt direkt von der Steuerschuld abgesetzt werden: Haushaltshilfe, Hand-
   werker (bis zu 1200 Euro zusätzlich), Hausmeisterdienste. Auf der Nebenkostenabrechnung bei der Mietwohnung sollten absetzbare Posten ausgewiesen sein.
   Je nach Art der haushaltsnahen Aufwendungen gibt es unterschiedliche
   Grenzwerte.
❷ Haben Sie Renteneinkünfte aus der gesetzlichen Rente oder aus Versorgungswerken sowie der Rürup-Rente?   ☐
   Diese Renten werden brutto ausbezahlt und anschließend besteuert. Ein Teil ist
   je nach Renteneintrittsalter steuerfrei.
❷ Bekommen Sie Renten aus geförderten Vorsorgemodellen, z. B. Riester-Rente
   oder betriebliche Altersvorsorge?   ☐
   Diese Renten werden voll besteuert.
❷ Bekommen Sie Renten, die privat aus versteuertem Geld finanziert wurden? ☐
   Hier erfolgt eine Besteuerung mit dem Ertragsanteil. Ein festgeschriebener
   Prozentanteil, je nach Rentenstart, wird versteuert.
❷ Gibt es weitere Renten, Leibrenten?   ☐
   Leibrenten, geförderte Renten, Betriebsrenten werden unterschiedlich besteuert.
❷ Erhalten Sie weitere Einkünfte aus den sieben Einkunftsarten?   ☐
   Ermittlung der Einkünfte nach Abzug der Werbungskosten

Aus allen Einnahmequellen, abzüglich der steuermindernden Posten, ergibt sich die
Summe der Einkünfte. Haushaltsnahe Aufwendungen mit 20 % bis zum jeweiligen
Grenzbetrag und die Hälfte der Parteispenden werden dabei direkt von der Steuerschuld abgezogen. Entlastungsbeträge können diese Summe der Einkünfte weiter
reduzieren:

● Altersentlastungsbetrag ☐
Wer nach dem 64. Lebensjahr Einkünfte hat, die nicht aus Renten resultieren, wie Zinsen, Miete, Arbeitslohn, bekommt für diese Nebenerwerbseinnahmen einen kleinen Freibetrag zugesprochen. Dieser Betrag wird für jedes kommende Jahr kleiner. Für 2023 liegt dieser maximal bei 646 Euro jährlich und für 2024 nur noch bei 608 Euro. Bis 2040 schrumpft dieser auf 0 Euro.

● Versorgungsfreibetrag mit Zuschlag ☐
Für Pensionisten gilt dieser abschmelzende Freibetrag. Im Jahr 2024 sind das maximal 960 und ein Zuschlag von 288 Euro.

● Entlastungsbetrag für Alleinerziehende ☐
Für einen Rentner vermutlich eher ungewöhnlich, aber möglich. Alleinstehende, die nicht verwitwet sind oder in einer Hausgemeinschaft leben, haben Anspruch auf einen Entlastungsbetrag von derzeit 4260 Euro und für jedes weitere Kind von 240 Euro.

● Weitere Entlastungsbeträge sind möglich für Land- und Forstwirte. ☐

Wie viel Steuern müssen bezahlt werden?

Wenn Sie in einer Überschlagsrechnung ermittelt haben, wie hoch das zu versteuernde Einkommen ist, dann ist damit aber noch nicht auf den ersten Blick klar, wie hoch die tatsächliche Steuerbelastung sein wird. Diese steigt progressiv an. Wer mehr verdient, muss auch einen höheren prozentualen Steuersatz ansetzen. Bis zum Grundfreibetrag ist das Einkommen steuerfrei. Im Jahr 2024 lag der bei 11 604 Euro (Stand 1.1.2024). Danach liegt der Eingangssteuersatz bei 14 %, und der Spitzensteuersatz von 42 % greift im Jahr 2024 im Individualtarif bei 66 761 Euro. Für den Splittingtarif gelten doppelte Beträge.

In der folgenden Tabelle wird deutlich, wie sich das für den Individualtarif und den Splittingtarif auswirkt.

Der Solidaritätszuschlag muss für die meisten Rentner nicht mehr berücksichtigt werden. Der Soli entfällt für das Steuerjahr 2023, wenn die zu zahlende Einkommensteuer unter 16 956 Euro und bei Zusammenveranlagung unter 33 912 Euro liegt. Für 2024 steigen diese Grenzbeträge auf 18 130 bzw. 36 260 Euro. Damit wird der Soli für die meisten Rentner Geschichte sein.

Übersicht für Ruheständler			
Rechenschema für die zu versteuernden Einnahmen			
Rentner, Pensionist		Ehepartner	
❥ Land- und Forstwirtschaft – Anlage L			
Einnahmen		Einnahmen	
Betriebsausgaben		Betriebsausgaben	
Gewinn		Gewinn	
❥ Gewerbebetrieb – Anlage G			
Einnahmen		Einnahmen	
Betriebsausgaben		Betriebsausgaben	
Gewinn		Gewinn	
❥ Selbstständige, freiberufliche Arbeit – Anlage S			
Einnahmen		Einnahmen	
Betriebsausgaben		Betriebsausgaben	
Gewinn		Gewinn	
❥ Nicht selbstständige Arbeit – Anlage N (Pension, Nebenjob)			
Einnahmen		Einnahmen	
Ausgaben: Werbungskosten		Ausgaben: Werbungskosten	
Überschuss		Überschuss	
❥ Kapitalerträge – Anlage KAP			
Einnahmen		Einnahmen	
Ausgaben: Werbungskosten		Ausgaben: Werbungskosten	
Überschuss		Überschuss	
❥ Vermietung und Verpachtung – Anlage V			
Einnahmen		Einnahmen	
Ausgaben: Werbungskosten		Ausgaben: Werbungskosten	
Überschuss		Überschuss	

Übersicht für Ruheständler			
Rechenschema für die zu versteuernden Einnahmen			
● Sonstige Einnahmen – Rente: Anlage R; Unterhalt, private Veräußerungsgeschäfte: Anlage SO; Renten, Einkünfte aus dem Ausland: Anlage AUS			
Einnahmen		Einnahmen	
Ausgaben: Werbungs-kosten		Ausgaben: Werbungs-kosten	
Gewinn		Gewinn	
● Summe der Einnahmen			
Rentner, Ruheständler		Ehepartner	
Gemeinsames Einkommen			
● Entlastungen, Pauschalen, Freibeträge			
./. Altersentlastungsbetrag			
./. Versorgungsfreibetrag mit Zuschlag			
./. Alleinerziehungsfreibetrag			
./. Freibetrag für Landwirte			
Gesamtbetrag der Einkünfte			
./. Sonderausgaben			
./. Außergewöhnliche Belastungen			
./. Steuerbegünstigungen			
./. Verlustabzug			
./. Kinderfreibeträge			
./. Härteausgleich			
Gemeinsam zu versteuerndes Einkommen			
Ermittlung der Steuerschuld nach gültiger Steuertabelle			
./. Hälftig Parteispenden und 20 % der haushaltsnahen Aufwendungen bis zum Grenzbetrag			
Steuerschuld			

✪ **Tipp:** *Das bayerische Finanzministerium hat einen Online-Alterseinkünfte-Rechner auf seine Webseite gestellt. Damit lässt sich ganz gut feststellen, ob und wie viele Steuern anfallen werden. Die Beträge lassen sich gerundet eintragen, und auch steuerentlastende Pauschalen werden berücksichtigt. Varianten kann man damit ebenfalls ausrechnen. Eine ganz praktische Sache. Hier der Link:*

https://www.finanzamt.bayern.de/Informationen/Steuerinfos/Steuerberechnung/Alterseinkuenfte-Rechner/

Keinen Soli zahlen Sie, wenn Sie 2024 bis zu rund 68 400 Euro (Ehepaare 136 800 Euro) zu versteuerndes Einkommen haben. Weiterhin den Soli zahlen müssen allerdings Anleger auf steuerpflichtige Kapitalerträge, zum Beispiel auf Zinsen.

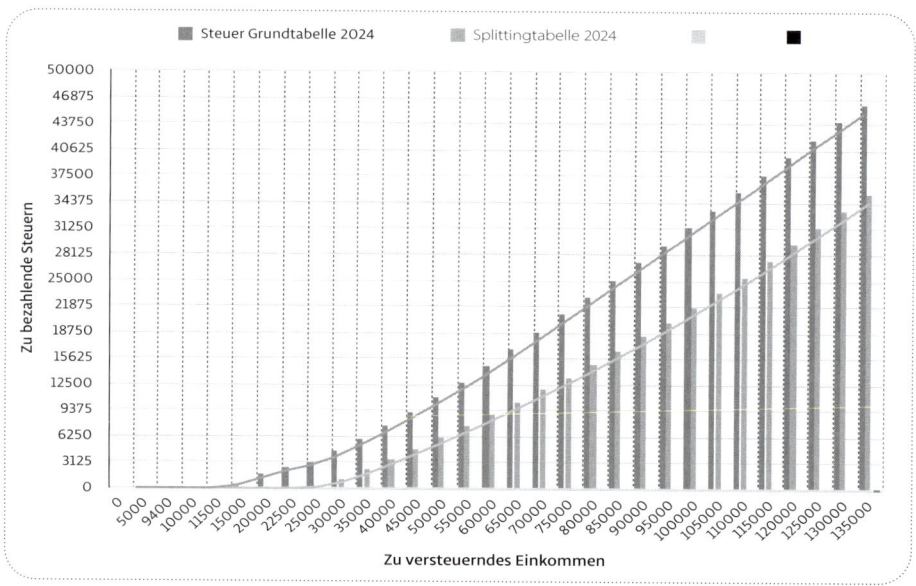

Das deutsche Einkommensteuerrecht sieht vor, dass Ehepaare gemeinsam veranlagt werden. Die Einkommen beider Partner werden addiert und anschließend »gesplittet«. Haben Ehepaare unterschiedlich hohe Alterseinkünfte, ist das von Vorteil.

Besteuerung von Renten

Renten aus der Basisversorgung, die steuerlich geförderten Altersvorsorgeverträge und sonstige private Altersvorsorge werden alle unterschiedlich besteuert. Das kann sich ein Laie kaum merken, deshalb lohnt es sich, genauer hinzusehen.

Entscheidende Faktoren sind Zeitraum und Quelle in der Ansparphase und ob das Geld aus versteuertem Einkommen stammt oder steuerbegünstigt oder steuerfrei gestellt wurde. Entsprechend müssen die Ruhestandsgelder in der Auszahlungsphase ganz oder teilweise oder nach dem Ertragsanteil versteuert werden. Geförderte Renten, wie die Riester-Rente oder eine betriebliche Altersversorgung, sind vollständig zu versteuern.

Eine Rolle spielt es, ob Rentenzahlungen und Einzahlungen in die Rentenvorsorge vor oder nach dem Jahr 2005 erfolgt sind. Zu diesem Datum wurde die Rentenbesteuerung mit den entsprechenden Übergangsregelungen, die diese Sache kompliziert machen, neu gestaltet.

Auch Lebensversicherungen waren in der Ausschüttung bei einem Abschlussdatum bis zum Jahr 2004 steuerfrei, und bei neuen Verträgen ab dem Jahr 2005 wurde die Hälfte der Erträge besteuert, wenn der Vertrag zusätzlich eine Laufzeit von zwölf Jahren hatte und erst ab dem 60. Lebensjahr ausgeschüttet wurde.

Ab 2012 abgeschlossene Verträge verlangen sogar eine Ausschüttung erst ab dem 62. Lebensjahr, wenn die Hälfte steuerfrei bleiben soll. Wird die Versicherung verrentet, gilt dagegen wieder der zu versteuernde Ertragsanteil.

Pensionen der Beamten oder Werksrenten und Versorgungsbezüge von Angestellten sind in der Praxis Lohnfortzahlungen und deshalb auch vollständig steuerpflichtig.

Diese Einkommen fallen auch nicht unter die Anlage R, sondern werden in der Anlage N – für nicht selbstständiges Einkommen – beim Finanzamt angezeigt.

Beamtenpensionen und Werksrenten werden über den Versorgungsfreibetrag und den Zuschlag steuerlich bessergestellt. Der Versorgungsfreibetrag und der Zuschlag werden beim Eintritt in den Ruhestand festgelegt.

Dieser Freibetrag schmilzt bis zum Jahr 2040 auf 0 Euro, und Erhöhungen der Pension werden nicht berücksichtigt. Der Freibetrag bleibt, wie zum Pensionseintritt ermittelt, konstant.

Drei Arten von Renten

Im Wesentlichen gibt es drei Arten von Renten, die alle gegenüber dem Finanzamt in der Anlage R – wie Rente – erklärt werden.

I. Basisversorgung: nachgelagerte Besteuerung

Die Zahlungen aus der gesetzlichen Rentenversicherung, egal ob Flexi-Rente, Regelaltersrente oder Erwerbsminderungs- und Berufsunfähigkeitsrente ab 2005 gehören dazu, auch die Renten aus den landwirtschaftlichen Altersklassen, berufsständischen Versorgungswerken der Freiberufler und kapitalgedeckten Rentenversicherungen sowie auch die Rürup-Rente.

Die Beiträge in der Ansparphase können teilweise und ab 2023 vollständig steuerlich geltend gemacht werden, und die späteren Renten sind teilweise und ab 2040 vollständig steuerpflichtig. Hier gilt die nachgelagerte Besteuerung nach Kalenderjahr und Bewilligung der Rente. In Diskussion ist, um eine Doppelbesteuerung zu vermeiden, dass die vollständige Besteuerung von Renten über diesen Zeitpunkt hinaus verlängert wird.

II. Geförderte Altersvorsorge: volle Besteuerung

Dazu gehören die Riester-Rente als betriebliche Altersvorsorge, Renten aus der betrieblichen Altersversorgung und Zusatzversorgungsrenten. Alle voll geförderten Renten sind auch voll zu versteuern und werden mit den vollen Sozialabgaben belastet.

Eine privat geführte Riester-Rente wird gefördert, und die Beiträge sind steuerentlastet. In der Auszahlungsphase ist sie deshalb voll zu versteuern. Für Pflichtversicherte in der gesetzlichen Krankenkasse gilt, dass diese von den Sozialbeiträgen für dieses Einkommen befreit sind. Dies gilt nicht für freiwillig gesetzlich Versicherte.

Wurde eine betriebliche Direktversicherung nach einem Jobwechsel aus eigenem versteuertem Geld finanziert und weitergeführt, wird diese entsprechend unterschiedlich besteuert. Dies ist in der jährlichen Steuerbescheinigung entsprechend aufgeführt und wird auch so dem Finanzamt gemeldet.

Riester-Rente wie auch betriebliche Renten sind durch die Niedrigzinsphase erheblich unter Druck geraten und haben, wenn überhaupt, nur eine geringe Rendite.

III. Private Renten und Leibrenten: Besteuerung nach dem Ertragsanteil

Gemeint sind eine Sofortrente aus privat versteuertem Vermögen oder die Verrentung einer Lebensversicherung sowie eine Berufsunfähigkeitsrente bis 2004. Die Besteuerung hängt vom Alter des Begünstigten bei Beginn der Rentenzahlung und dem sich ergebenden anteiligen Ertragsanteil ab.

Der Progressionsvorbehalt

Ein Übergangsgeld aus der Unfallversicherung kann zwar steuerfrei sein, erhöht aber den Progressionsvorbehalt. Das heißt, auch wenn die Einnahme steuerfrei ist, wird diese fiktiv zum zu versteuernden Einkommen hinzugerechnet. Dadurch erhöht sich der prozentuale Steuersatz, der auf das Einkommen ohne die steuerfreie Einnahme angerechnet wird.

Auch Vorruhestandsleistungen, Verdienstausfallentschädigungen, Elterngeld oder Krankengeld (nicht aber von privaten Kassen) werden mit diesem Progressionsvorbehalt behandelt. Das ist leider nicht zu ändern. Gerade Familien, die Elterngeld bekommen haben, wundern sich über die Steuernachzahlung, die aus diesem Effekt stammen.

Nicht dem Progressionsvorbehalt unterliegen aber Renteneinnahmen aus Unfallrenten, Verletztenrenten und Hinterbliebenenrenten. Allerdings nur diejenigen Renten, die aufgrund des Unfalls oder der Berufskrankheit von der gesetzlichen Rentenversicherung geleistet werden. Ein komplizierter Aspekt, der im Einzelfall geprüft werden muss.

Besteuerung der Basisrente

Die Basisversorgung wird gemeinhin auch als I. Säule in der Altersvorsorge betrachtet, neben der betrieblichen und privaten Altersvorsorge, den Säulen II und III.

- ❯ In beinahe jeder Erwerbsbiografie gibt es eine Versicherungszeit in der gesetzlichen Rentenversicherung. Angestellte sind dort pflichtversichert, und wer nicht gesetzlich pflichtversichert ist, kann freiwilliges Mitglied werden. Fünf Beitragsjahre sind Voraussetzung, um diese Rente zu beziehen. Sei es als Altersregelrente, als Erwerbsminderungsrente, als Flexi-Rente, als Frührente mit 45 Beitragsjahren, als Bezieher einer Witwen- oder Witwerrente oder einer Mütterrente. Je nach Einkommen bezahlen die Pflichtversicherten bis zur Beitragsbemessungsgrenze den festgelegten Betrag ein. Derzeit liegt der Satz bei 18,6 %, den sich Arbeitgeber und Arbeitnehmer hälftig teilen.

- ❯ Freiberufler, wie Ärzte, Zahnärzte, Rechtsanwälte, Architekten, Steuerberater oder Apotheker, bezahlen ihre Rentenvorsorgebeiträge in das berufsständische Versorgungswerk ein. Die Beitragsgestaltung kann eigenen Regeln folgen. In vielen Versorgungswerken sind die Beiträge ab dem 55. Lebensjahr gedeckt. Die prognostizierten Renten wurden dort vielfach nicht erreicht. Freiberufler

Möglichkeiten der Altersvorsorge			
Angestellte	Freiberufler	Selbstständige	Beamte
Pflichtversicherung und Basisabsicherung sind steuerlich gefördert. Renten sind steuerpflichtig.			
Gesetzliche Rentenversicherung (umlagefinanziert)	Berufsständisches Versorgungswerk (kapitalgedeckt)	Rürup-Rentenversicherung (kapitalgedeckt)	Pension von Bund und Ländern (steuerfinanziert)

Die Renten aus der Basisabsicherung von Angestellten, Freiberuflern und Selbstständigen werden nachgelagert besteuert und genießen in der Ansparphase eine steuerliche Begünstigung. Die Pension der Beamten ist eine Lohnfortzahlung und wird als eine nicht selbstständige Tätigkeit voll besteuert.

haben die Möglichkeit, als freiwillige Mitglieder zusätzlich Beiträge bis zur Bemessungsgrenze in die gesetzliche Rentenversicherung einzubezahlen.

- ➡ Landwirte haben ihre eigene landwirtschaftliche Alterskasse. Seit 2013 trägt diese den Namen Sozialversicherung für Landwirtschaft, Forsten und Gartenbau (SVLFG). Diese Rentenkasse ist stark von der Umstrukturierung dieses Berufsstandes geprägt.
- ➡ Die Rürup-Rente zählt als private Rentenvorsorge seit 2005 zur Basisversicherung. Daran sind Bedingungen, im Gegensatz zu einer nicht geförderten Privatrente, geknüpft: Die kapitalgedeckte Vorsorge muss eine lebenslange monatliche Auszahlung vorsehen. Die Auszahlung ist frühestens ab Vollendung des 60. Lebensjahres möglich, bei nach dem 31.12.2011 abgeschlossenen Verträgen ab dem vollendeten 62. Lebensjahr. Die Rentenansprüche dürfen nicht ausbezahlt werden, sind nicht vererbbar – aber Erben können profitieren, wenn dies im Vertrag mit einer Ergänzungspolice so vereinbart ist –, nicht beleihbar, nicht auf andere Personen übertragbar und dürfen nicht veräußerbar sein. Der Vertrag kann nicht gekündigt werden.

Wer als Pflichtversicherter in der gesetzlichen Rentenversicherung, wo die Beiträge durch die Bemessungsgrenze gedeckt sind, zusätzlich vorsorgen möchte, kann dies durch eine Rürup-Rente tun. Achten Sie auf die Rendite und vergleichen Sie.

Seit 2012 gibt es in der gesetzlichen Rentenversicherung die Rente mit 65 nicht mehr. Die berufsständischen Versorgungswerke haben sich dem angeschlossen. Ein vorzeitiger Rentenbeginn, der in der gesetzlichen Rente nach 35 Beitragsjahren, inklusive Ausbildungszeiten oder Erziehungszeiten ab dem 63. Lebensjahr, möglich ist, ist an Abschläge geknüpft, die aber vor dem 63. Lebensjahr ausgeglichen werden können. Zwar sind dann rechnerisch die Abschläge ausgeglichen, aber nicht die Beiträge, die sonst noch bis zum Rentenbeginn geleistet worden wären und zu einer höheren Rente geführt hätten.

✚ **Tipp:** *Seit Januar 2017 dürfen sich Bezieher einer vorzeitigen Altersvollrente freiwillig bis zum Erreichen der Regelaltersgrenze versichern und können so in der Kombination von Abschlagssumme und freiwilligen Beiträgen die Rentenlücke schließen. Eine Rentenberatung dazu ist sinnvoll.*

Wer über die Altersregelzeit hinaus arbeitet, braucht keine Rentenbeiträge mehr bezahlen. Er kann sich aber auch von der Versicherungsfreiheit befreien lassen. Die gezahlten Beiträge erhöhen dann jeweils im darauffolgenden Jahr zum Stichtag im Juli die zukünftige Rente.

Anhebung der Regelaltersgrenze auf 67			
Versicherte Geburtsjahr	Anhebung um … Monate	auf das Alter	
		Jahr	Monat
1955	9	65	9
1956	10	65	10
1957	11	65	11
1958	12	66	0
1959	14	66	2
1960	16	66	4
1961	18	66	6
1962	20	66	8
1963	22	66	10
1964	24	67	0

In der Ansparphase zu diesen Basisrenten sind die Beiträge seit 2023 zu 100 % steuerlich absetzbar. Daneben gilt ein jährlich steigender Freibetrag für diese Altersvorsorgebeträge. Dieser Höchstbetrag wird jährlich neu nach den Beitragssätzen der Knappschaftsversicherung festgesetzt und lässt sich ganz leicht selbst ausrechnen. Die Formel dazu lautet: Knappschaft-Beitragsbemessungsgrenze x Beitragssatz der Knappschaftsversicherung.

In 2024 ist das: 111 600 x 24,70 % = 27 565,2 und abgerundet 27 565 Euro. Für verheiratete Paare gilt der doppelte Betrag von 55 130 Euro. Seit 2023 kann dieser vollständig steuerlich angerechnet werden.

Für sonstige Vorsorgeaufwendungen, wie den Eigenanteil der Basis-Krankenkasse, die Haftpflichtversicherung oder die Risikolebensversicherung, gilt der eingeschränkte Freibetrag von höchstens 1900 Euro für Arbeitnehmer und Beamte oder 2800 Euro für Selbstständige.

Im Umkehrschluss muss für die hohen steuerlichen Vergünstigungen ein zunehmend höherer Anteil der Renten aus der Basisvorsorge versteuert werden. Je nach Renteneintrittsjahr gelten die Rentenbesteuerung und der Freibetrag für das restliche Rentnerleben. Fachleute sprechen vom Prinzip der nachgelagerten Besteuerung.

Bei einer Rente im ersten Jahr in Höhe von 2000 Euro monatlich hat der Rentner bei einem Renteneintritt in 2020 lebenslang einen monatlichen Steuerfreibetrag von 400 Euro. Bei einem Renteneintritt im Jahr 2024 sind noch 16 % steuerfrei. Von 2000 Euro Rente sind das noch 320 Euro. Rentensteigerungen werden dann in den späteren Jahren zu 100 % besteuert.

Im ersten Rentenjahr muss unser Musterrentner, der 2020 in Rente gegangen ist, 1600 Euro Rente versteuern. Steigt die Rente im nächsten Jahr auf 2100 Euro, so gilt ebenfalls ein Freibetrag von 400 Euro. Das bedeutet, dass unser Rentner dann 1700 Euro Rente versteuern muss.

Auf das Steuerjahr umgerechnet sind im Renteneintrittsjahr 2020 von 24 000 Euro Rente bei einem Freibetrag von 4800 Euro 19 200 Euro zu versteuern. Im darauf folgenden Jahr und einer Rentensteigerung von 1200 Euro sind von 25 200 Euro Rente und einem gleichbleibenden Freibetrag von 4800 Euro ein Betrag von 20 400 Euro zu versteuern.

War der Renteneintritt im Jahr 2010, so waren 60 % zu versteuern, und der Freibetrag für alle weiteren kommenden Rentnerjahre lag bei 40 % (oder am Beispiel der Rente von 24 000 Euro waren 14 400 Euro zu versteuern, und der auch für die kommenden Jahre geltende Freibetrag lag bei 9600 Euro).

Auch wenn die Rentensteigerungen im Gegensatz zu unserer Beispielrechnung in den kommenden Jahren nicht so üppig sprudeln werden und auch die reale Rente nicht so hoch wie in unserem Beispiel sein wird, ist gut ersichtlich, dass durch die Rentensteigerungen der Grundfreibetrag trotz aller Freibeträge schnell übertroffen und eine immer größer werdende Zahl der Rentner steuerpflichtig werden wird.

Jahr des Rentenbeginns	Besteuerungsanteil in Prozent	Prozentsatz für einen Rentenfreibetrag
Bis 2005	50	50
2006	52	48
2007	54	46
2008	56	44
2009	58	42
2010	60	40
2011	62	38
2012	64	36
2013	66	34
2014	68	32
2015	70	30
2016	72	28
2017	74	26
2018	76	24
2019	78	22
2020	80	20
2021	81	19
2022	82	18
2023	83	17
2024	84	16
2025	85	15
2026	86	14
2027	87	13
2028	88	12
2029	89	11
2030	90	10
2031	91	9
2032	92	8
2033	93	7
2034	94	6
2035	95	5
2036	96	4
2037	97	3
2038	98	2
2039	99	1
ab 2040	100	0

Bestimmung des Steuerfreibetrages

Maßgeblich für die Bestimmung des Besteuerungsanteils ist das Jahr der Bewilligung der Rente. Es ist richtig, den Rentenantrag bei Erreichen der Regelaltersgrenze zu stellen, da nur so der individuell günstigste Steuervorteil gesichert wird. Wer den Antrag erst später stellt, weil er nicht mit einer Auszahlung rechnet, vergibt sich unter Umständen den günstigeren Steuerfreibetrag.

Der prozentuale Freibetrag wird durch das Renteneintrittsjahr bestimmt. Der Freibetrag wird nach dem prozentualen Satz des Renteneintritts im kommenden vollständigen Rentnerjahr berechnet. War 2005 der Renteneintritt, so sind 50 % der prozentuale Freibetrag. 2006 war also das erste vollständige Rentenjahr mit 20 000 Euro Rente. So ist der künftige Freibetrag 10 000 Euro. Der ermittelte Freibetrag wird dann als gleichbleibender Betrag immer von der Rente abgezogen. Die restliche Rentensumme wird mit dem jeweils persönlich geltenden Steuersatz berechnet.

Wird die Rente im Jahr der Bewilligung oder im folgenden ersten vollständigen Jahr erhöht, so wird das im Steuerfreibetrag berücksichtigt. Wundern Sie sich also nicht. Dann allerdings gibt es bei einer Altersrente hinsichtlich des Steuerfreibetrages keine Änderungen mehr.

Folgerenten

Anders ist das bei Folgerenten. Folgerente heißt es deshalb, weil hier eine Rente auf die vorausgegangene folgt.

Das kann die Hinterbliebenenrente sein, in die der Ehepartner des verstorbenen Rentners eintritt, wenn die Erwerbsminderungsrente von der Regelaltersrente abgelöst wird oder wenn eine Große Witwenrente auf die vorausgegangene Kleine Witwenrente folgt.

Dabei wird der prozentuale Steuerfreibetrag vom Beginn der ersten Rentenbewilligung auf die Folgerente übernommen und ein entsprechender Steuerfreibetrag errechnet.

Der Prozentsatz kann aber nicht weniger als 50 % sein, auch wenn die erste Rente vielleicht vor dem Jahr 2005 bewilligt wurde.

In unserer Fallgeschichte bezieht der Musterrentner seit 2003 eine Regelaltersrente, die seit 2005 einen Steuerfreibetrag von über 50 % beinhaltet. 2013, also zehn

Jahre später, stirbt der Rentner, und seine Ehefrau bekommt als Folgerente eine Große Witwenrente, für die ein Steuerfreibetrag von ebenfalls 50 % angenommen wird.

Anpassungsbetrag

Da der Freibetrag der Rente in seiner absoluten Größe immer gleich bleibt, wird der zu versteuernde Anteil und der Anpassungsbetrag, das heißt die Summe der Rentenerhöhungen in der steuerlichen Rentenmitteilung, ausgewiesen. So ist der zu versteuernde Betrag vom Finanzamt schnell ersichtlich und ist entsprechend in der Anlage R eingetragen, falls die Daten elektronisch vom Finanzamt übernommen werden.

Entsprechende Mitteilungen werden beispielsweise regelmäßig von der Deutschen Rentenversicherung an das zuständige Finanzamt übermittelt. Durch die Steueridentifikationsnummer, die beim Rentenantrag anzugeben ist, ist die Zuordnung zweifelsfrei.

Auslandsrente mit Anpassungsbetrag

Wer eine Rente aus dem Ausland bekommt – und wo durch ein Doppelbesteuerungsabkommen geklärt ist, dass diese Rente in Deutschland versteuert wird –, bei dem ist dieser automatische Datenabgleich nicht möglich. Der Steuerpflichtige muss dann den Anpassungsbetrag selbst errechnen und in die Steuererklärung einfügen.

Beispiel für eigene Berechnung des Anpassungbetrages
Rentenbeginn im Jahr 2015 (in diesem Jahr gilt: 30 % steuerbefreite Rente)

Bruttorente im Jahr 2015: 1000 Euro
Steuerfreibetrag: 30 % = 300 Euro
Zu versteuernde Rente: 700 Euro

Rente im Jahr 2024: Bruttorente mit Rentenerhöhungen: 1200 Euro
Steuerfreibetrag: 300 Euro
Zu versteuernde Rente: 900 Euro

Anpassungsbetrag für das Jahr 2024: 900 Euro minus 700 Euro = 200 Euro

Besteuerung von Rentennachzahlungen

Rentennachzahlungen, die vielleicht aus einem Rechtsstreit wegen einer falschen und zu niedrigen Rentenberechnung oder aus einem anderen Grund entstehen können, werden in dem Jahr besteuert, in dem diese auf dem Konto eingegangen sind, auch wenn sie das Vorjahr betreffen. Eine Nachzahlung kann zu einer Erhöhung des Rentenjahresbetrages und einer Neuberechnung des Rentenfreibetrages führen.

Fünftelregelung

Bei relevanten außerordentlichen Zahlungseingängen, die mehrere vorausgehende Jahre betreffen, kennt das Steuerrecht die Möglichkeit, diese Einnahmen nach der sogenannten Fünftelregelung zu besteuern. So werden beispielsweise auch Abfindungen im Berufsleben behandelt.

Dabei wird zum normalen zu versteuernden Einkommen des betreffenden Jahres der fünfte Teil der Nachzahlung dazugerechnet. Auf der Steuertabelle wird dann zu dieser Summe der prozentuale Steuersatz abgelesen. Mit diesem reduzierten Steuersatz wird dann die ganze Nachzahlung versteuert. Diese ist natürlich geringer, als wenn die vollständige Nachzahlung auf die sonstigen Einkünfte hinzugerechnet und versteuert worden wäre, ist aber dennoch eine ungünstigere Besteuerung.

Steuerjongleure versuchen in Zeiten einer Abfindung, ihr normales Einkommen klein zu halten oder gar durch Steuerabschreibungsgeschäfte in ein Minus zu drücken, um möglichst viel von der Abfindung zu einem günstigen Steuersatz zu bekommen.

Auch wer den Rentenantrag zu spät stellt und bei der Bewilligung dann mehrere Monatsrenten ausbezahlt bekommt, kann bei einer ungünstigen Konstellation über die Jahreswende hinweg in einem Jahr mehr als die normalen zwölf Renten bekommen. Auch das erhöht die Steuerlast und wäre leicht zu vermeiden gewesen.

Öffnungsklausel

Keine Regel ohne Ausnahme. Nicht immer werden Renten mit einem Anteil von mindestens 50 % besteuert.

Normale angestellte Arbeitnehmer haben eine jährlich festgelegte Beitragsbemessungsgrenze für die Beitragszahlung an die gesetzliche Rentenversicherung.

Bei Freiberuflern, die in das Versorgungswerk einbezahlten, waren diese Einzahlungen nicht gedeckelt. Hat nun ein Anwalt, Arzt oder Steuerberater in den Jahren vor 2005 mehr in das Versorgungswerk einbezahlt, als es die Bemessungsgrenze für nicht selbstständige Angestellte zulässt, dann würden die ausbezahlten späteren Renten für den übersteigenden Betrag doppelt besteuert werden.

Für diese Gruppe der Freiberufler gibt es deshalb in diesem Übergangszeitraum bis zum Jahr 2005 eine Öffnungsklausel: Nur die Rentenbeiträge bis zur Bemessungsgrenze bei der gesetzlichen Rentenversicherung werden mit dem entsprechenden prozentualen Anteil nachgelagert besteuert. Die überschießenden Beiträge werden nach der alten Regelung für Renten vor dem Jahr 2005 nur mit dem Ertragsanteil besteuert.

Wenn in der Summe, nicht unbedingt zusammenhängend, mindestens zehn Jahre über die Beitragsbemessung hinaus bis zum Jahr 2005 Beiträge geleistet wurden, dann kann eine Öffnung beantragt werden. Die Rente wird dann zum einen Teil mit einem Freibetrag nachgelagert besteuert und zum anderen mit dem Ertragsanteil. Dazu muss das Versorgungswerk eine Bescheinigung ausstellen, in der auch die Höhe der Beiträge ausgewiesen ist. Eine Formsache, die nicht weiter problematisch ist. Ein Sonderfall – aber wen es betrifft, der sollte dies beantragen.

Besteuerung der geförderten Renten

Riester-Renten, Pensionsfonds und betriebliche Altersversorgung – beispielsweise als Direktversicherung aus einer Lebensversicherung, einem Banksparplan oder einer anderen Geldanlage – werden, je nachdem, aus welcher Quelle diese stammen, unterschiedlich versteuert. Das ist pauschal nicht zu beurteilen. Der Leistungsträger wird dies aber bei der Auszahlung auf dem entsprechenden Beleg vermerken. Diese Angaben sind dann auf der Steuererklärung zu übernehmen.

Wurden in der Ansparphase die Beiträge steuerbefreit oder diese als Altersvorsorge steuerlich entlastet und so staatlich gefördert, dann sind diese als Rentenzahlung entsprechend zu versteuern.

Für die Riester-Rente sind die Leistungen regelmäßig voll zu versteuern, da diese Form der privaten Rentenvorsorge komplett durch eine direkte staatliche Förderung unterstützt wurde.

Sonderfall betriebliche Altersvorsorge

Bei der betrieblichen Altersvorsorge gibt es mehrere Durchführungswege. Der Arbeitgeber kann sie entweder selbst finanzieren und später im Rentenfall ausbezahlen (Direktzusage) oder er zahlt entsprechende Beiträge bei einem externen Versorgungsträger (Direktversicherung, Pensionskasse, Pensionsfonds oder Unterstützungskasse) ein, der dann die spätere Rente ausbezahlt.

Die Beiträge zur betrieblichen Altersversorgung in der Ansparphase können entweder durch den Arbeitgeber, durch den Arbeitnehmer oder gemeinsam finanziert werden. Für die Beiträge des Arbeitnehmers verzichtet dieser auf bestimmte Teile seines Arbeitslohns oder bezahlt in Eigenleistung ohne Förderung durch den Arbeitgeber Beiträge ein.

Die Besteuerung der späteren betrieblichen Rente erfolgt nach dem bereits bekannten Muster, je nachdem, ob in der Ansparphase das Geld aus versteuertem Einkommen stammt oder steuerbegünstigt oder steuerfrei gestellt wurde. Bei der sogenannten Direktzusage erbringt der Arbeitgeber die Leistungen selbst – ohne einen Versorgungsträger. Seine Rückstellungen kann er selbst steuermindernd berücksichtigen.

Ähnlich gelagert ist der Fall, wenn sich der Arbeitgeber für seine Direktzusage einer Unterstützungskasse bedient. Sollte die rechtlich selbstständige Unterstützungskasse die Rentenzusage nicht erfüllen können, beispielsweise, weil diese das Kapital schlecht angelegt hat und die eigenen Prognosen nicht einhalten kann, bleibt der Arbeitgeber für die Rentenzusage in der Haftung.

In der Rentenphase sind diese Einnahmen aus einer Werksrente wie eine Lohnfortzahlung zu bewerten und voll steuerpflichtig.

Direktversicherung, Pensionskassen und Pensionsfonds sind unabhängige Gestaltungsformen und besondere Versicherungsleistungen, die die späteren Altersbezüge garantieren. Der Arbeitgeber ist Vertragspartner, und der Arbeitnehmer bezieht von diesen Instituten, meist spezielle Versicherungsunternehmen, die spätere Rente.

Bei der Besteuerung in der Auszahlungsphase wird es aber kompliziert. Beruhen die Leistungen auf geförderten Beträgen, werden die Rentenleistungen voll versteuert. Beruht die Vorsorge auf nicht geförderten Beträgen, wird die Rentenzahlung wie bei der unten beschriebenen privat finanzierten Versicherungsrente mit dem Ertragsanteil besteuert. Es kommt hier also auf das Datum des Abschlusses, auf die Laufzeit des Vertrages und das Lebensalter bei der Ausschüttung an.

Da die Rentenzahlungen häufig teilweise auf geförderten Beiträgen und nicht geförderten Beiträgen beruhen, muss auch die Besteuerung aufgeteilt werden. Dies ist auf den steuerlichen Jahresmitteilungen so aufgeführt und kann entsprechend für die Steuererklärung übernommen werden.

Besteuerung privater Renten und Leibrenten

Diese Renten stammen überwiegend aus bereits versteuerten Einlagen. Der Klassiker ist der Rentner, der kurz vor Rentenbeginn sein Erspartes, das bereits versteuert wurde, an eine Versicherung einbezahlt und sich zum selbst gewählten Rentenbeginn eine monatliche lebenslange oder auch zeitlich begrenzte Rente ausbezahlen lässt. Bei dieser Form der privaten Rente umgeht er die Wartezeit, die bei einer Rürup-Rente entsteht, und er versteuert die Rente anschließend nur mit dem Ertragsanteil. Eine Rürup-Rente muss mindestens fünf Jahre vor Rentenbeginn abgeschlossen und kann ab dem 62. Lebensjahr ausbezahlt werden. Zwar kann er die Beiträge für diese Rürup-Rente steuerlich geltend machen, was bei einem hohen Einkommen Sinn macht, aber in der Rentenausschüttungsphase muss er die Rente wie bei allen Basisrenten abzüglich seines persönlichen Steuerfreibetrages versteuern. Angesichts langer Niedrigzinsphasen rentieren sich private Rentenversicherungen nur sehr mäßig, versprechen aber hohe Sicherheit. Mit einem Fondsanteil in dieser Rentenversicherung erhöht sich eventuell die Rendite, aber auch das Risiko.

Die Versicherung meldet den zu versteuernden Teil der Rente an das Finanzamt, und die Steuererklärung ist deshalb unkompliziert.

Weitere Formen einer Leibrente, die nach dem Ertragsanteil versteuert werden, sind private Erwerbsminderungsrenten oder Unfallrenten. Haben diese eine befristete Laufzeit, ist auch der Ertragsanteil geringer. Gesetzliche Unfallrenten sind steuerfrei.

Für eine privat finanzierte Lebensversicherung mit Kapitalwahlrecht kann statt der Kapitalausschüttung auch eine Verrentung des Kapitals gewählt werden. Bei einer Auszahlung der Ablaufleistung von Lebensversicherungen, die nach dem 1. 1. 2005 abgeschlossen wurden, ist nur die Hälfte dieses Kapitalertrages – das ist

Lebensversicherung: steuerfreie Erträge bei Rentenbeginn oder Kündigung

Der Vertrag wurde vor dem 31. 12. 2004 ausgestellt.

Der erste Beitrag wurde bis zum 31. 3.2005 einbezahlt.

Der Betrag der Ablaufleistung wird vollständig auf einmal ausbezahlt.

Es wurden mindestens fünf Jahre Beiträge einbezahlt.

Mindestens 60 % der Beiträge müssen die Todesfallsumme ausmachen – das war in alten Verträgen die allgemeine Regel.

Der halbe Ertrag der Lebensversicherung wird versteuert

Der Vertrag wurde nach dem 1. 1. 2005 abgeschlossen.

Der Vertrag ist mindestens zwölf Jahre gelaufen.

Die Ausschüttung erfolgte im Alter von 60 Jahren oder später.

Der Vertrag wurde nach dem 1. 1. 2012 abgeschlossen.

Der Vertrag ist mindestens zwölf Jahre gelaufen.

Die Ausschüttung erfolgte im Alter von 62 Jahren oder später.

Zusätzliche Bedingung für die halbe Besteuerung bei Verträgen ab dem 1. 4. 2009: Mindestens 50 % der Beiträge müssen die Todesfallsumme ausmachen.

Der halbe Gewinn wird nicht mit der Abgeltungssteuer, sondern mit dem persönlichen Einkommensteuersatz versteuert. Der Freibetrag für Kapitalerträge kann aber genutzt werden.

Wollen Sie sich die private Lebensversicherung als eine lebenslange Rente ausbezahlen lassen, müssen Sie sich nicht um das Datum kümmern, zu dem Sie den Vertrag geschlossen haben: Die Steuer auf diese Renten erfolgt immer nach dem Ertragsanteil.

Vorsicht: Wer freiwillig gesetzlich krankenversichert ist, zahlt zusätzlich 14 % Krankenkassenbeitrag zuzüglich Pflegeversicherung.

der Unterschiedsbetrag zwischen ausgezahlter Versicherungsleistung und der Summe der gezahlten Beiträge – steuerpflichtig. Vorausgesetzt, die Laufzeit beträgt mindestens zwölf Jahre und der Vertrag wurde nicht vor dem 60. Lebensjahr ausbezahlt. Für ab 2012 abgeschlossene Verträge darf die Ausbezahlung zusätzlich nicht vor dem 62. Lebensjahr getätigt werden, wenn der Steuervorteil nicht gefährdet werden soll.

Bei dem Halbeinkünfteverfahren fällt nicht die Kapitalertragssteuer an, stattdessen wird der zu versteuernde Betrag nach dem persönlichen Einkommensteuersatz ermittelt.

Steuerfrei sind die Auszahlungen für Lebensversicherungen, wenn der Betrag vor dem Jahr 2005 abgeschlossen wurde, zwölf Jahre Laufzeit hatte und der Todesfallschutz mindestens fünf Jahre beträgt.

Bei einer Verrentung der Lebensversicherung wird die Rente unabhängig vom Abschlussdatum mit dem Ertragsanteil besteuert.

Allerdings wählen die meisten Begünstigten einer Lebensversicherung die Einmalauszahlung. Die Konditionen für die Privatrente sind nicht überzeugend. Für 100 000 Euro bekommt man je nach Versicherungsgesellschaft nur wenig über 300 Euro Rente. Man muss schon 90 Jahre und mehr alt werden, wenn sich das Geschäft lohnen soll. Für einige überwiegt aber der Sicherheitsfaktor.

Ertragsanteil

Die Berechnung des Ertragsanteils, also des steuerpflichtigen Anteils der Rente, richtet sich nach dem Alter bei Rentenbeginn. Aus der Tabelle rechts oben lässt sich der Prozentsatz entsprechend zum Lebensalter ablesen.

Bis 2005 wurden Basisrenten nach dem Ertragsanteil besteuert. Heute trifft das noch für den Anteil der Basisrenten zu, die auf Einzahlungen vor dem Jahr 2005 beruhen, und auf Beitragszahler in Versorgungswerken, die die damalige Beitragsbemessungsgrenze zehn Jahre lang übertroffen haben. In Versorgungswerken für Freiberufler wie Anwälte, Steuerberater oder Ärzte war diese Überzahlung möglich. Die Anteile der Rente, die auf Einzahlungen jenseits der Bemessungsgrenze beruhen, werden dann, nach Antrag, mit dem Ertragsanteil versteuert.

Dies wird durch die sogenannte Öffnungsklausel geregelt, wie oben bereits ausgeführt (siehe Seite 51).

Bei Beginn der Rente (im Alter von)	Ertragsanteil in Prozent	Bei Beginn der Rente (im Alter von)	Ertragsanteil in Prozent
50	30	69–70	15
51–52	29	71	14
53	28	72–73	13
54	27	74	12
55–56	26	75	11
57	25	76–77	10
58	24	78–79	9
59	23	80	8
60–61	22	81–82	7
62	21	83–84	6
63	20	85–87	5
64	19	88–91	4
65–66	18	92–93	3
67	17	94–96	2
68	16	ab 97	1

Hinterbliebenenrente

Wenn der Ehepartner stirbt, bekommt der überlebende Partner eine Witwer- oder Witwenrente, vorausgesetzt, der verstorbene Partner war rentenversichert oder hat Anspruch auf Versorgungsbezüge. Die Witwenrente wird auch Hinterbliebenenrente genannt. Bei Beamten bekommt der Partner des Verstorbenen eine Versorgung von 55 % des Ruhegeldes, wenn dieser bereits im Ruhestand war, oder 55 % von dem Ruhegeld, das der Verstorbene bekommen hätte, wäre er am Todestag in Ruhestand gegangen. Für die Mindestversorgung gibt es einige weiterreichende Bestimmungen, auch wenn die Ehe erst nach dem Eintritt in den Ruhestand geschlossen wurde und das 65. Lebensjahr bereits vollendet war. Ruhestandsbezüge aus der Beamtenversorgung sind nach Abzug der Freibeträge voll zu versteuern.

In der gesetzlichen Rentenversicherung sind die Umstände und die Höhe des Bezuges etwas differenzierter und hängen von etlichen Faktoren ab. Steuerlich wird der Freibetrag der Rentenbezüge als eine Folgerente mit dem prozentualen Freibetrag bei der Bewilligung der Rente des Verstorbenen berechnet. Ist dieser 2005 in Rente gegangen und stirbt 2024, dann wird die zugesprochene Hinterbliebenenrente des überlebenden Partners mit einem Steuersatz von 50 % für den Freibetrag berechnet.

Große oder Kleine Hinterbliebenenrente

Zunächst ist für Hinterbliebene bei der gesetzlichen Rente zu klären, ob der überlebende Ehepartner Anspruch auf eine Große oder Kleine Witwenrente hat.

Bis zur stufenweisen Einführung der Rente mit 67 war die Altersgrenze für die Große Witwenrente 45 Jahre. Waren Witwe oder Witwer 45 Jahre oder älter, konnten sie die Witwenrente erhalten. Die neue Altersgrenze verschiebt sich seitdem je Todesjahr des Versicherten, das zur Witwenrente berechtigt, pro Jahr um einen Monat. Im Todesjahr 2021 sind es 45 Jahre und zehn Monate. Ab dem Jahr 2024 werden pro Jahr zwei Monate dazugezählt.

Weitere Gründe für den Anspruch einer Großen Witwenrente neben der Altersgrenze sind:

Der überlebende Ehepartner ist erwerbsgemindert oder er erzieht ein Kind, das noch keine 18 Jahre alt ist. Bei einem behinderten Kind gibt es keine Altersgrenze. Um die Sache noch etwas komplizierter zu machen: Die Große Witwenrente kann 60 % oder 55 % der Rentenansprüche des Partners zuzüglich eines möglichen Kinderzuschlags betragen. Der Unterschied liegt darin begründet, dass es 2002 eine Neuregelung der Witwenrente gab. Wir haben es also mit einem alten und ein neuen Recht zu tun. Der überlebende Partner bekommt 60 %, wenn das alte (günstigere) Recht gilt:

- Der Ehepartner ist vor dem 1.1.2002 gestorben.
- Der vor dem 2.1.1962 geborene Ehepartner ist nach 2002 gestorben, die Ehepartner haben aber vor dem 1.1.2002 geheiratet.

Altersgrenze für die Große Witwenrente	
Todesjahr des Versicherten	Altersgrenze für die Große Witwenrente
2021	45 Jahre und zehn Monate
2022	45 Jahre und elf Monate
2023	46 Jahre
2024	46 Jahre und zwei Monate
...	...
2029	47 Jahre

- Beispiel für eine Große Witwenrente mit 60 %: Der Ehepartner ist 2018 gestorben. Das Paar hat 2000 geheiratet und der eine Partner ist 1959 geboren.

Der überlebende Partner bekommt 55 %, wenn das neue Recht gilt:
- Der Ehepartner ist 2018 gestorben.
- Das Paar hat 2003 geheiratet, und der eine Partner ist 1959 geboren. Der überlebende Ehepartner erhält dann aber einen Kinderzuschlag, wenn er Kinder unter drei Jahren erzieht.

Die Große Witwenrente wird zeitlich immer unbegrenzt ausbezahlt.

Die Kleine Witwenrente

Erfüllt der überlebende Ehepartner die Voraussetzungen für die Große Witwenrente nicht – er ist jünger als die Altersgrenze und nicht erwerbsgemindert –, erhält er die Kleine Witwenrente und bekommt 25 % zuzüglich eines Kinderzuschlags bis zum dritten Lebensjahr des Kindes.

Die Kinderzuschläge werden jährlich angepasst und unterscheiden sich bis zur Rentenangleichung noch geringfügig zwischen Ost und West. Zur Orientierung: Bei einer Kleinen Witwenrente sind das etwa 30 Euro für das erste Kind und etwa 15 Euro für das zweite und die weiteren Kinder, bei einer Großen Witwenrente etwa 65 Euro für das erste Kind und knapp 35 Euro für das zweite und die weiteren Kinder.

Die Kleine Witwenrente ist nach neuem Recht auf 24 Monate begrenzt. Wenn der überlebende Ehepartner die Voraussetzungen für das alte Recht erfüllt, wird diese unbegrenzt bezahlt.

Auch bei einem größeren Altersunterschied der beiden Ehepartner kann es also sein, dass der überlebende Ehepartner noch keine 45 bis 47 Jahre alt ist und deshalb keine Große Witwenrente möglich ist.

Wird während der Laufzeit der Kleinen Witwenrente die Altersgrenze für die Große Witwenrente erreicht, im Jahr 2023 sind das 46 Jahre, kann ein Antrag auf Umstellung eingereicht werden. Die Zahlung wird also nicht automatisch, sondern nur auf Antrag umgestellt. Dies gilt ebenso, wenn während der Laufzeit der Kleinen Witwenrente eine Erwerbsminderung eintritt, auch dann besteht nach einem Antrag Anspruch auf die Große Witwenrente.

Verrechnung mit eigenen Einkünften

Dass Betroffene allerdings die Kleine oder Große Hinterbliebenenrente oder die Hinterbliebenenversorgung in voller Höhe bekommen, ist eher weniger wahrscheinlich. Diese Ansprüche werden mit der eigenen Rente oder Pension und dem Einkommen nach unterschiedlichen Regeln teilweise verrechnet und gekürzt. Altfälle werden unter Umständen anders bewertet.

Im Normalfall wird bei einer Großen Hinterbliebenenrente die eigene Rente angerechnet, wenn diese den Freibetrag von derzeit 992,64 Euro (der 26,4-fache Wert des aktuellen Rentenwertes – hier der Rente West: 37,60 Euro – Stand Juli 2023) übersteigt. Die den Freibetrag übersteigenden eigenen Einkünfte werden, nach einem zusätzlichen Pauschalabzug von 14 %, mit 40 % mindernd auf die Hinterbliebenenrente angerechnet.

Beispielrechnung

Bei einer eigenen Rente von 2000 Euro ohne weitere Einkünfte werden pauschal 14 %, also 280 Euro, in Abzug gebracht.
1720 Euro übersteigen den Freibetrag um 727,36 Euro.

Bei einer Hinterbliebenenrente von 1000 Euro werden von der Rente 40 % von 727,36 Euro, also 290,94 Euro abgezogen.

Die Rente plus Hinterbliebenenrente beträgt dann 2000 plus 1000 minus 290,94 Euro, das sind 2709,06. Der steuerfreie Anteil der Rente errechnet sich nach dem Renteneintrittsjahr von Rente und Folgerente.

Hinterbliebenenrente und neue Heirat

Wer erneut heiratet, verliert den Anspruch auf die Hinterbliebenenrente, aber er kann sich die Rentenansprüche abfinden lassen. Die Abfindung beträgt das 24-Fache der Rente, die in den letzten zwölf Monaten durchschnittlich nach der Einkommensanrechnung bezahlt wurde. Eine schöne Starthilfe in das neue Glück.

Und auch das geht: Wenn der zweite Partner vorzeitig stirbt, ist es unter Umständen möglich, den Anspruch auf die Witwenrente des vorletzten Partners wieder aufleben zu lassen.

Rentensplitting

Es ist ein Rechenspiel, bei dem Sie sich beraten lassen sollten. Sie können sich bereits zu Lebzeiten, wenn beide Partner mindestens 25 Beitragsjahre erfüllt haben und ein Partner bereits die Regelaltersrente erreicht hat, bei gemeinsamer Willenserklärung die während der Ehezeit erworbenen Rentenentgeltpunkte hälftig übertragen lassen.

Nach dem Tod ist dies auch einseitig durch den überlebenden Ehepartner möglich. Dafür gibt es aber begrenzte Zeiträume, die nicht jeder erfüllt. Voraussetzung ist:

- ⊃ Sie können sich mit Ihrem Partner gemeinsam für das Rentensplitting entscheiden, wenn Ihre Ehe entweder nach dem 31. Dezember 2001 geschlossen wurde
- ⊃ oder wenn Sie zu diesem Zeitpunkt bereits verheiratet waren und Ihr Partner und Sie nach dem 1. Januar 1962 geboren wurden.

Ausgeglichen werden die in der sogenannten Splittingzeit erworbenen Anrechte. Vor der Splittingzeit erworbene Anrechte werden beim Rentensplitting nicht berücksichtigt.

Die Erfüllung der 25 Beitragsjahre lässt sich eventuell in einem individuellen Beratungsgespräch bei der Rentenversicherung klären.

Sie verzichten durch das Rentensplitting auf eine Witwenrente, erhöhen aber so den Anspruch auf eine eigene höhere Regelaltersrente.

Wer kein Einkommen hat, für den wird die Witwenrente interessanter sein. Aber wenn Sie selbst ein gut dotiertes Arbeitsverhältnis haben und eventuell kurz vor der Regelaltersrente stehen, kann ein Rentensplitting die finanziell bessere Lösung sein. Eine eventuelle Kürzung der Hinterbliebenenrente wäre hinfällig. Die Berechnung des Rentenfreibetrags würde dann zum Zeitpunkt der Bewilligung der Rente erfolgen.

Bei einer Beamtenversorgung oder einer betrieblichen Altersversorgung gibt es keine Möglichkeit für das Rentensplitting.

Rentner im Ausland oder Rente aus dem Ausland

Egal ob die Rente aus dem Ausland an den Wohnsitz nach Deutschland kommt oder ob sich der Rentner seinen Traum erfüllt und zum Rentenbeginn in die Sonne flieht – und von seiner Rente aus Deutschland, oft mit einer super Kaufkraft, ein wunderbares Leben gestaltet –, kassieren und genießen, ohne das Geld zu versteuern, funktioniert im digitalen Zeitalter nicht mehr. Mag es Steueroasen für Superreiche mit Steuerfreiheit geben, ein »normaler« Rentner wird von diesen Konstruktionen nicht profitieren. Er muss Steuern bezahlen und sollte dieses aktiv für sich möglichst günstig gestalten.

Die Rente aus dem Ausland

Es ist gar nicht so selten, dass ein Arbeitnehmer mehrere Jahre im Ausland gearbeitet und während dieser Zeit Rentenansprüche erworben hat. Der in Deutschland ansässige und unbeschränkt steuerpflichtige Rentner ist erst mal mit seinem ganzen Einkommen, also auch mit seiner Auslandsrente, in Deutschland steuerpflichtig.

Die Steuerpflicht ist mit vielen Ländern in einem Doppelbesteuerungsabkommen geregelt, das, wie es der Name schon sagt, eine doppelte Besteuerung von Einkommen verhindern soll. Das kann für jedes Land unterschiedlich gestaltet sein. Eine für alle im Ausland lebenden Rentenbezieher allgemeingültige Aussage lässt sich nicht treffen. So kann es sein, dass die Rente in Deutschland versteuert oder im Quellenland erhoben und einbehalten und in Deutschland angerechnet wird. Es kommt also auf den einzelnen Fall an.

Beim Kassenstaatsprinzip werden gesetzliche oder staatliche Renten in dem Land besteuert, das die Rente ausbezahlt. So ist das beispielsweise im Doppelbesteuerungsabkommen mit Frankreich für einen französischen Staatsbürger, der in Deutschland lebt, geregelt. In Deutschland ist dann seine Rente von der Steuer freigestellt, allerdings unterliegt das Einkommen dem Progressionsvorbehalt. Die Rente wird fiktiv den deutschen Einnahmen hinzuaddiert, der Steuersatz wird ermittelt, und die prozentuale Steuerlast wird dann ohne diese Renteneinnahme auf das in Deutschland erworbene Einkommen angewandt.

Ist der Rentner mit Wohnsitz in Deutschland und der Rente aus Frankreich deutscher Staatsbürger, so steht das alleinige Besteuerungsrecht dem deutschen Finanzamt zu.

> ✪ **Tipp:** *Rentner, die im Ausland leben, sollten sich darüber informieren, ob es mit dem Land ihres Wohnortes ein Doppelbesteuerungsabkommen gibt.*
> *Auf der Internetseite des Bundesfinanzministeriums sind alle Abkommen einsehbar. Mit der Google-Suche sind die Stichworte »Bundesfinanzministerium Internationales Steuerrecht« zielführend. Diese Abkommen sind allerdings in Steuerchinesisch abgefasst, und eine fachliche Unterstützung wird hilfreich sein. Die entsprechende Seite finden Sie unter diesem Link: https://www.bundesfinanzministerium.de/Web/DE/ Themen/Steuern/Internationales_Steuerrecht/Staatenbezogene_Informationen/staatenbezogene_info.html*

Rentner im Ausland mit deutscher Rente

Das ist der Wunschtraum aller Rentner. Unter Sonne und Palmen den Lebensabend genießen. Endlich die Ernte einfahren für alle Mühen.

Warum nicht? Ist doch eine schöne Idee, zumal die Kaufkraft für Euro-Rentner in der neuen Heimat nicht selten über dem Landesdurchschnitt liegt. Noch nie haben so viele deutsche Rentner ihren Lebensabend im Ausland verbracht. Die Rentenversicherung hat zuletzt rund 230 000 Renten an Deutsche mit ausländischem Wohnsitz überwiesen. Unter den gefragtesten Zielen sind Österreich, die Schweiz, Spanien, die USA und Australien. Zunehmend beliebt sind die bei den Lebenshaltungskosten vergleichsweise günstigen Staaten Südosteuropas. Knapp 50 deutsche Rentner leben derzeit auf Trauminseln im Pazifik wie Fidschi, Tonga und Samoa.

Die Besteuerung der Renten für im Ausland lebende Rentner unterliegt für gewöhnlich dem deutschen Finanzamt. Ausnahmen werden im jeweiligen Doppelbesteuerungsabkommen geregelt. So werden von dieser Regel abweichend die Renten deutscher Rentner in den USA oder der Schweiz im neuen Wohnort im Ausland versteuert. Im Gegenzug versteuern Rentner aus der Schweiz und den USA mit dem Wohnort Deutschland ihre Auslandsrenten beim deutschen Fiskus. Wohingegen die

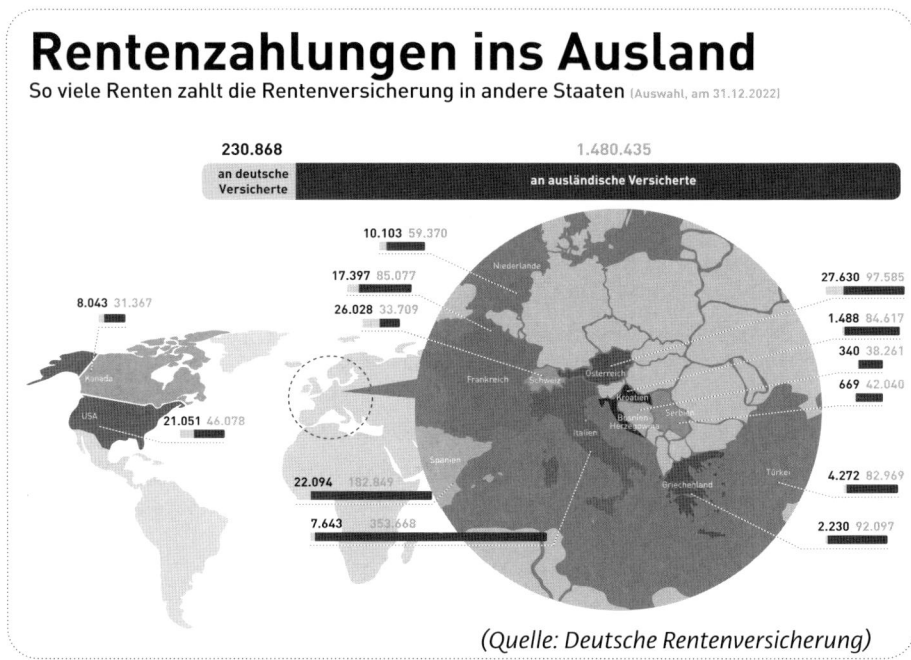

Rentenzahlungen ins Ausland
So viele Renten zahlt die Rentenversicherung in andere Staaten (Auswahl, am 31.12.2022)

230.868
an deutsche Versicherte

1.480.435
an ausländische Versicherte

10.103 59.370

17.397 85.077

26.028 33.709

8.043 31.367

21.051 46.078

22.094 182.849

7.643 353.668

Niederlande

Frankreich   Schweiz   Österreich

Kroatien

Bosnien Herzeg.   Serbien

Italien

Spanien

Griechenland   Türkei

27.630 97.585

1.488 84.617

340 38.261

669 42.040

4.272 82.969

2.230 92.097

Kanada

USA

(Quelle: Deutsche Rentenversicherung)

Rente eines Deutschen, der in Österreich lebt, seit dem Abkommen von 2002 in Deutschland besteuert wird.

Wo wird versteuert?

Wer länger als sechs Monate oder 183 Tage zusammenhängend im Ausland lebt, hat seinen gewöhnlichen Wohnort auch dort. Er versteuert seine Einnahmen, die er an seinem Auslandswohnsitz erzielt, wie beispielsweise aus einem Nebenjob oder aus Mieteinnahmen, dort beim Finanzamt.

Für Renteneinnahmen aus Deutschland kann trotzdem eine Steuerpflicht beim deutschen Finanzamt bestehen. Dies ist im wahrscheinlich vorhandenen Doppelbesteuerungsabkommen geregelt, das in vielen Fällen das Besteuerungsrecht Deutschland zuweist. Rentner mit einem Auslandswohnsitz bleiben dann in Deutschland steuerpflichtig. Gibt es kein Doppelbesteuerungsabkommen, kann es sein, dass in beiden Ländern eine Steuerpflicht vorliegt. Hier besteht natürlich dann Klärungsbedarf.

Darüber hinaus hat jedes Doppelbesteuerungsabkommen ganz eigene Regelungen. Entsprechend empfiehlt es sich, genau zu lesen und zu prüfen. Es gibt keine pauschalen Antworten, wie ausländische Renten und deutsche Renten bei einem Wohnsitz im Ausland besteuert werden. Eine Besteuerung muss also immer individuell geprüft werden.

Bei einer Besteuerungspflicht für die deutschen Rentenzahlungen an einem deutschen Finanzamt ist das Finanzamt Neubrandenburg zuständig. Es ist das zentrale Finanzamt für Rentenempfänger mit Wohnsitz im Ausland. Die informative Internetseite finden Sie unter: https://www. finanzamt-rente-im-ausland.de. Dort gibt es auch ein Informationstelefon für weitere Auskünfte.

Gibt es noch weitere Einnahmen aus Deutschland, wie beispielsweise Lohnzahlungen für Beraterhonorare oder Mietein-

---

Rentenzahlungen versteuern mit Auslandswohnsitz

- ◉ Rentner mit deutscher Staatsangehörigkeit, die weniger als sechs Monate dauerhaft im Ausland leben (z.B. nur zum Überwintern)
- → Besteuerung beim heimischen Finanzamt: unbeschränkt steuerpflichtig

- ◉ Rentner mit deutscher Staatsangehörigkeit, die länger als sechs Monate oder 183 Tage im Ausland leben oder mit dauerhaftem Wohnsitz im Ausland
- → Klärung der Steuerpflicht in Deutschland oder im Auslandswohnsitz; liegt ein Doppelbesteuerungsabkommen vor?

- ◉ Steuerpflicht am Auslandswohnsitz; Kontakt mit dem zuständigen Auslandsfinanzamt aufnehmen
- → Meistens besteht Steuerpflicht in Deutschland: beschränkt steuerpflichtig

- ◉ Kontaktaufnahme mit dem zuständigen Finanzamt Neubrandenburg für Rentner mit Auslandswohnsitz
- → Um die Vorteile deutscher Steuergesetze zu bekommen: Antrag auf unbeschränkte Steuerpflicht in Deutschland stellen

nahmen, so ist für deutsche Staatsangehörige auch für die Renteneinkünfte nicht das zentrale Finanzamt in Neubrandenburg zuständig, sondern das Finanzamt am Ort, an dem die Einkünfte erzielt werden. Nicht selten haben Auslandsrentner ja zusätzlich noch eine deutsche Meldeadresse.

Beschränkt oder unbeschränkt steuerpflichtig

Weniger als sechs Monate sind kein Problem, aber wenn der Wohnsitz über diese Zeitspanne hinaus dauerhaft ins Ausland verlegt wird, dann sind deutsche Rentner beschränkt steuerpflichtig. Wenn das Doppelbesteuerungsabkommen Deutschland die Besteuerung zuweist, wird das Finanzamt Neubrandenburg die Steuer einfordern.

Die Deutsche Rentenversicherung informiert dazu das Finanzamt durch einen automatischen Datenabgleich. Es bleibt also nichts verborgen.

Beschränkt steuerpflichtig zu sein ist mit vielen Nachteilen verbunden. Zahlreiche steuerliche Vergünstigungen wie das Ehegattensplitting und außergewöhnliche Belastungen, wie beispielsweise Krankheitskosten, werden nicht mehr berücksichtigt. Freibeträge für Kinder und Alleinerziehende fallen ebenfalls weg. Da der Grundfreibetrag in die Grundtariftabelle bei beschränkter Steuerpflicht eingearbeitet ist, beginnt die Steuerpflicht ab dem ersten Euro, und bereits sehr kleine Renten sind steuerpflichtig.

Es ist also für Auslandsrentner unbedingt zu prüfen, ob nicht eine unbeschränkte Steuerpflicht möglich ist. Denn als unbeschränkt Steuerpflichtiger können Rentner Freibeträge und Pauschalen in Anspruch nehmen und müssen nur Beträge, die den Grundfreibetrag übersteigen, versteuern.

> ✪ **Tipp:** *Wer mindestens 90 % seines Einkommens in Deutschland bezieht, kann beim Finanzamt in Neubrandenburg oder beim zuständigen Finanzamt einen Antrag auf unbeschränkte Steuerpflicht stellen. Dies ist bei Rentnern, die neben der Rente kein steuerrelevantes Einkommen mehr haben, regelmäßig zutreffend.*

Sie haben Einkünfte im neuen Heimatland? Keine Panik. Liegen diese Einkünfte unter dem Grundfreibetrag von rund 9744 Euro (Wert für 2021), ist trotzdem eine unbeschränkte Besteuerung des Gesamteinkommens nach deutschem Recht möglich. Einen Nachweis dieser Einkünfte, ausgestellt von der entsprechenden Steuerbehörde im Ausland, ist für diesen Antrag Bedingung. Allerdings wird dann entsprechend der Grundfreibetrag im Ausgleich für die Einkünfte gekürzt. Durch die möglichen Vorteile des deutschen Steuerrechts ist das aber dennoch meistens empfehlenswert.

Riester-Rente und Erwerbsminderungsrente im Ausland

Die Riester-Rente ist schon lange in der Krise und wird in der jetzigen Form nicht mehr lange angeboten werden. Wer einen Wohnsitz dauerhaft außerhalb des europäischen Währungsraums wählt, muss die staatliche Förderung für die Riester-Rente zurückzahlen. Auch eine Erwerbsminderungsrente der gesetzlichen Rente ist bei einem Wohnsitz im Ausland gefährdet, wenn diese nicht ausschließlich aus medizinischen Gründen bewilligt wurde, sondern auch, weil wegen der Erwerbsminderung kein gleichwertiger Arbeitsplatz zu finden war. Nur wenn allein aus gesundheitlichen Gründen eine Arbeit nicht mehr möglich war, wird die Erwerbsminderungsrente ohne Kürzungen ins Ausland überwiesen.

Krankenversicherung und fester Wohnsitz im Ausland

Wer nur in einem sonnigen Land überwintert, bleibt Mitglied in der deutschen Krankenversicherung und kann eine entsprechende Reisekrankenversicherung abschließen. Nicht so bei einem dauerhaften Auslandswohnsitz. Auch bezahlt die Deutsche Rentenversicherung keinen Zuschuss mehr für die freiwillige gesetzliche Krankenkasse oder die private Krankenversicherung. Rentner müssen sich im zukünftigen Aufenthaltsland selbst krankenversichern. Die Qualität der Gesundheitsversorgung wird bei der Wahl des neuen Wohnsitzes ein wichtiger Aspekt sein.

Was die Rentensteuerlast mindert

Sie machen das deutsche Steuerrecht kompliziert, schaffen aber auch eine individuelle ausgleichende Gerechtigkeit: Steuerpauschalen, Sonderausgaben und Steuervergünstigungen. Es lohnt sich, genauer zu prüfen, welche Ausgaben und Freibeträge individuell ansetzbar sind, um so die Steuerlast zu senken. Besonders Rentner können davon profitieren.

Wer Bescheid weiß, hat ohne große Mühe ein paar Euro mehr zur Verfügung. Voraussetzung ist, dass Sie das Jahr über aufmerksam die Belege sammeln und für die Steuererklärung bereitlegen.

Steuermindernd wirken sich die Werbekostenpauschale, der Vorsorgeaufwand für Versicherungen, der Vorsorgefreibetrag für Pensionisten oder der Altersentlastungsbetrag und, wenn vorhanden, der Kinderfreibetrag und der Freibetrag für Alleinerziehende aus.

Da für alle, die früher oder regelgerecht in Rente gehen, nicht die ganze Rente steuerpflichtig ist, wird je nach Renteneintrittsalter ein Freibetrag angesetzt.

Zum Mantelbogen für gemeinsam veranlagte Paare oder alleinstehende Steuerzahler gibt es die Anlagen zu Sonderausgaben, zu außergewöhnlichen Belastungen, zu haushaltsnahen Aufwendungen und zu Sonstiges.

Alle diese steuermindernden Beträge reduzieren das zu versteuernde Einkommen. Liegt das Einkommen nach Abzug der steuerreduzierenden Beträge unterhalb des Grundfreibetrages, der jährlich ansteigt, so ist auch keine Steuer zu bezahlen, und Steuervorauszahlungen entfallen. Für verheiratete Paare gilt der doppelte Steuerfreibetrag.

Ist es absehbar, dass das Einkommen dauerhaft unter dem Grundfreibetrag bleibt, kann man beim Finanzamt eine Nichtveranlagungsbescheinigung beantragen. Ein langes Wort, aber die Bescheinigung beschert bis zu drei Jahre lang steuerfreie Einnahmen und Ruhe vor dem Finanzamt.

Rentenfreibetrag und Rentenanpassungsbetrag

Renten können voll besteuert werden (geförderte Renten), nachgelagert mit einem je nach Renteneintrittsjahr festen Freibetrag oder private Renten mit dem Ertragsanteil. Steuerfrei können Renten sein aus der gesetzlichen Unfallversicherung, einer Kriegs- und Schwerbeschädigtenrente oder eine Wiedergutmachungsrente. Auch eine Lotterierente ist steuerfrei. Wir haben die Unterschiede im Kapitel zur Rentenbesteuerung besprochen.

Alle Institutionen, die eine Rente ausbezahlen, stellen automatisch oder auf Anfrage einen Auszahlungsbeleg zur Vorlage beim Finanzamt aus. Darauf ist der zu versteuernde Anteil vermerkt. Bei der gesetzlichen Rentenversicherung ist der Rentenanpassungsbetrag der Rente ausgewiesen. Die Rententräger übermitteln alle Rentenauszahlungen an das Finanzamt. Wer seine Steuererklärung über das Onlineprogramm der Steuerbehörde erledigt und die Datenübernahme erlaubt, findet diese Positionen auf dem Formular bereits dunkelgrün eingefärbt und damit vorausgefüllt vor.

Der Rentenfreibetrag, der bei Renteneintritt prozentual festgelegt wird, wird im folgenden Jahr als absoluter Betrag errechnet und ändert sich danach nicht mehr.

Rentenanpassungsbetrag

Ein Beispiel: Der Rentner hat 2005 eine Rente von 12 000 Euro, die zu 50 % und mit 6000 Euro zu versteuern ist. Im kommenden Jahr gibt es eine Rentenerhöhung von 100 Euro. Der Rentner muss 6100 Euro versteuern. Die Differenz der gezahlten Rente von 12 100 Euro zur Rente bei Festlegung des Steuerfreibetrages von 12 000 Euro ist 100 Euro. Diese 100 Euro sind der Rentenanpassungsbetrag.

In Ausnahmen kann der Rentenfreibetrag auch später noch erhöht werden. Wer nach dem Renteneintritt weitere Rentenbeiträge leistet, welche dann im kommenden Jahr zu einer Erhöhung der Rentenansprüche führen, dessen Rentenfreibetrag wird unabhängig von der zu 100 % zu versteuernden normalen Rentenerhöhung erhöht. Auch wenn im Todesfall des Partners zur eigenen Rente noch die Witwen- oder Witwerrente hinzugerechnet wird, kommt es zu einer Anpassung des an sich als Summe festgelegten Rentenfreibetrages.

Rentenerhöhungen sind danach immer zu 100 % zu versteuern. Diese voll zu versteuernde Erhöhung wird auch Rentenanpassungsbetrag genannt.

Altersentlastungsbetrag

Wer im Steuerjahr, das nach Erreichen des 64. Lebensjahres folgt, Einkünfte hat, kann sich einen lebenslang geltenden kleinen Steuerfreibetrag auf Einkünfte außerhalb des Rentenbezuges verdienen, denn Einkünfte, die aus Rente und Pension resultieren, zählen nicht dazu und werden auch nicht entlastet. Es ist also ein Steuerrabatt für weitere Einkünfte neben der Rente.

Ein Antrag dazu ist nicht nötig. Der Altersentlastungsbetrag wird bei der Ermittlung des zu versteuernden Einkommens für die Einkommensteuererklärung automatisch ermittelt.

Wer im Jahr 2024 das 64. Lebensjahr vollendet hat und dann im Jahr 2025 Einkünfte außerhalb der gesetzlichen Leibrente oder der Pension hat, bei dem werden diese Einkünfte zur Berechnung des Altersentlastungsbetrages herangezogen. In die Berechnung fließen Einkünfte aus selbstständiger oder nicht selbstständiger Tätigkeit ein und auch Einnahmen aus Vermietung und Verpachtung. Ein Minijob mit 538 Euro zählt hier nicht dazu.

Wichtig: Der Altersentlastungsbetrag wird dann ermittelt, wenn Einkünfte vorhanden sind. Wer also mit 65 Jahren Rentner ohne Nebeneinkünfte ist und mit 67 eine Wohnung erbt, für die er Miete bekommt, bei dem wird der Altersentlastungsbetrag erst zu diesem Zeitpunkt ermittelt und festgelegt.

Der Altersentlastungsbetrag gilt jeweils pro Person. Eheleute bekommen den Freibetrag jeweils für ein eigenes berechtigtes Einkommen. Liegt dies nur einmal vor, so wird die steuerliche Vergünstigung auch nur einmal gewährt.

Ähnlich wie bei der gesetzlichen Rentenversicherung schmilzt dieser Freibetrag bis zum Jahr 2040 auf 0 Euro und bleibt je nach dem berechtigten Steuerjahr als absolute Summe lebenslang erhalten.

Der Freibetrag errechnet sich zum einen aus einem Prozentsatz aus der Summe der Einkünfte, ist aber in der Höhe gedeckelt.

Aus der folgenden Tabelle ist der individuelle Altersentlastungsbetrag schnell abzulesen.

Das auf Vollendung des 64. Lebens-jahres folgende Kalenderjahr	Altersentlastungsbe-trag in % der Einkünfte	Höchstbetrag in Euro
2005	40,0	1900
2006	38,4	1824
2007	36,8	1748
2008	35,2	1672
2009	33,6	1596
2010	32,0	1520
2011	30,4	1444
2012	28,8	1368
2013	27,2	1292
2014	25,6	1216
2015	24,0	1140
2016	22,4	1064
2017	20,8	988
2018	19,2	912
2019	17,6	836
2020	16,0	760
2021	15,2	722
2022	14,4	684
2023	13,6	646
2024	12,8	608
2025	12,0	570
2026	11,2	532
2027	10,4	494
2028	9,6	456
2029	8,8	418
2030	8,0	380
2031	7,2	342
2032	6,4	304
2033	5,6	266
2034	4,8	228
2035	4,0	190
2036	3,2	152
2037	2,4	114
2038	1,6	76
2039	0,8	38
2040	0,0	0

Beispiel

Wenn im Jahr 2024 der Altersfreibetrag von 5000 Euro festgestellt wird, so werden 12,8 % angerechnet. Das sind 640 Euro. Der Freibetrag ist in 2024 aber auf 608 Euro gedeckelt. Der lebenslange Altersentlastungsbetrag ist dann 608 Euro im Jahr. Ein kleiner Nebenjob kann sich wirklich lohnen.

Freibetrag für Land- und Forstbetriebe

Für Nebenerwerbslandwirte, Gärtner und Rentner, die sich noch ein Zubrot aus der Landwirtschaft verdienen, ist dieser Freibetrag interessant. Für Einzelpersonen sind die ersten 900 verdienten Euro aus der Landwirtschaft oder dem Forstbetrieb steuerfrei, wenn die Gesamteinkünfte die Summe von 30 700 Euro nicht übersteigen. Für Paare gilt die doppelte Summe. Dann sind 1800 Euro bei einer Einkommensgrenze von 61 400 Euro steuerfrei.

Versorgungsfreibetrag

Da die Versorgungsbezüge nach der Pensionierung bei Beamten eine Lohnfortzahlung sind, sind die steuerlichen Sparmöglichkeiten beschränkt. Der Versorgungsfreibetrag der Pensionäre wird wie bei der nachgelagerten Rentenbesteuerung im Jahr des Versorgungsbeginns festgelegt und kommt jährlich zur Anwendung. Zu diesem Versorgungsfreibetrag wird noch ein Zuschlag bezahlt. So ist beispielsweise für Beamte die Pension nicht in voller Höhe steuerpflichtig.

Die von privaten Arbeitgebern gezahlten sogenannten Betriebs- oder Werksrenten sind steuerrechtlich meist als Versorgungsbezüge zu behandeln. Die Versorgungsbezüge werden dabei direkt vom Arbeitgeber oder einer Unterstützungskasse ausbezahlt. Wie bei einem normalen Lohn werden die Versorgungsbezüge vorab vom Arbeitgeber nach der Lohnsteuerklasse und unter Berücksichtigung der Freibeträge versteuert.

Für eine Betriebsrente kann der Versorgungsfreibetrag ab dem 63. Lebensjahr bzw. bei Schwerbehinderten ab dem 60. Lebensjahr angesetzt werden. Anders ist es bei Versorgungsbezügen für Beamte. Für diese gilt keine Altersgrenze.

Der Versorgungsfreibetrag für die Pension oder die Werksrente wird nach einem Prozentsatz zum Jahr des Pensionseintritts ermittelt und ist auf einen Höchstbetrag gedeckelt. Der Zuschlag zum Versorgungsfreibetrag ist ein fester Betrag.

Für Rentner und Pensionäre angeglichen wurde eine Werbungskostenpauschale von 102 Euro. Wer zwei Renten oder eine Pension und eine Rente hat, bekommt trotzdem die Pauschale nur einmal.

Aus der Tabelle auf Seite 74 lassen sich der Versorgungsfreibetrag und der Zuschlag entnehmen:

Beginnt die Pension während des Jahres, so wird dieser Freibetrag anteilig gewährt. Der komplette Freibetrag wird dann für das kommende vollständige Jahr gewährt. Prozentanteil und Zuschlag werden durch das Eintrittsjahr bestimmt, auch mitten unterm Jahr.

Beispiel

Die Pension oder Werksrente beginnt am 1. Dezember 2024. Die Pension beträgt 2000 Euro im Monat oder 24 000 Euro im Jahr. 24 000 Euro x 12,8 % (für das Jahr 2024) = 3072 Euro. Dieser Betrag wird gedeckelt, d. h. begrenzt auf den im Jahr 2024 geltenden Höchstbetrag von 960 plus den Zuschlag von 288 Euro. Das sind in der Summe 1248 und je Monat 104 Euro.

Für den ersten Monat der Pension im Dezember 2024 gibt es also einen Freibetrag von 104 Euro. Für das Jahr 2025 sind es dann 1248 Euro. Dazu kommt die Werbungskostenpauschale von 102 Euro im Jahr.

Kinderfreibetrag

Nur selten denkt man in Zusammenhang mit Rente noch an Kinder. Aber so selten ist das gar nicht, dass Rentner noch Kinder haben, die studieren, oder auch kleine Kinder aus einem späten Glück. Auch kann es sein, dass Enkelkinder aus verschiedensten Gründen bei den Großeltern im Haushalt leben und sich daraus ein Anspruch für Kindergeld, Kinderfreibetrag und weitere Kinder betreffende Steuererleichterungen ableiten lassen. Das kann beispielsweise sein, weil die Eltern der Enkelkinder sich noch selbst in Ausbildung befinden oder über keine Einkünfte verfügen.

Jahr des Versorgungsbeginns	Versorgungsfreibetrag		Zuschlag zum Versorgungsfreibetrag in Euro
	in % der Versorgungsbezüge	Höchstbetrag in Euro	
bis 2005	40,0	3000	900
ab 2006	38,4	2880	864
2007	36,8	2760	828
2008	35,2	2640	792
2009	33,6	2520	756
2010	32,0	2400	720
2011	30,4	2280	684
2012	28,8	2160	648
2013	27,2	2040	612
2014	25,6	1920	576
2015	24,0	1800	540
2016	22,4	1680	504
2017	20,8	1560	468
2018	19,2	1440	432
2019	17,6	1320	396
2020	16,0	1200	360
2021	15,2	1140	342
2022	14,4	1080	324
2023	13,6	1020	306
2024	12,8	960	288
2025	12,0	900	270
2026	11,2	840	252
2027	10,4	780	234
2028	9,6	720	216
2029	8,8	660	198
2030	8,0	600	180
2031	7,2	540	162
2032	6,4	480	144
2033	5,6	420	126
2034	4,8	360	108
2035	4,0	300	90
2036	3,2	240	72
2037	2,4	180	54
2038	1,6	120	36
2039	0,8	60	18
2040	0,0	0	0

Der Kinderfreibetrag oder das Kindergeld wird nur bis zum 25. Lebensjahr des Kindes gewährt, wenn dieses noch nicht auf eigenen Füßen steht, sondern sich in der Ausbildung oder im Studium befindet. Ein Minijob oder eine Erwerbstätigkeit unter 20 Stunden in der Woche gefährden eine Kinderförderung nicht, ebenso wie eine bezahlte reguläre Lehrstelle. Der früher obligate Wehr- und Zivildienst oder ein freiwilliges soziales Jahr verlängern diese Frist. Für behinderte Kinder gibt es keine Altersbeschränkung.

Entwicklung des Kindergeldes				
	ab 1.1.2021	ab 1.7.2022	ab 1.1.2023	ab 1.1.2024
1. Kind	219 Euro	219 Euro	250 Euro	250 Euro
2. Kind.	219 Euro	219 Euro	250 Euro	250 Euro
3. Kind	225 Euro	225 Euro	250 Euro	250 Euro
Ab dem 4. Kind	250 Euro	250 Euro	250 Euro	250 Euro

Bei den eigenen Kindern hat das Finanzamt die Information über die Kinder und berücksichtigt diese bei der Steuerberechnung. Wer aber Enkelkinder in seinem Rentnerhaushalt erzieht, muss dies dem Finanzamt mitteilen. Dazu müssen die Eltern der Übertragung des Kinderfreibetrages an die Großeltern zustimmen.

Der jährliche Kinderfreibetrag pro Kind			
	2022	2023	2024
Kinderfreibetrag	5620 Euro	6024 Euro	6384 Euro
Betreuungs-, Erziehungs- und Ausbildungsbedarf	2928 Euro	2928 Euro	2928 Euro
Summe Freibetrag	8548 Euro	8952 Euro	9312 Euro

Der Kinderfreibetrag wird angerechnet, wenn dieser steuerlich günstiger ist als der steuerfreie Bezug des Kindergeldes. Dies hängt von der Höhe der Einkünfte und dem persönlichen Steuersatz ab. Diese Günstigerprüfung führt das Finanzamt automatisch durch.

Der gesamte Freibetrag setzt sich aus dem Kinderfreibetrag und dem Erziehungsfreibetrag zusammen. Er gilt für die Eltern gemeinsam. Wird der Freibetrag auf die Elternteile aufgeteilt, halbieren sich die Beträge. Alleinerziehende können theoretisch den ganzen Freibetrag für sich beantragen, wenn der Partner nichts zum Unterhalt beiträgt oder nicht mehr zur Verfügung steht.

Entlastungsbetrag für Alleinerziehende

Alleinerziehende Rentner können zusätzlich einen Entlastungsbetrag in Anspruch nehmen. Der Betrag liegt seit dem Jahr 2015 bei 1908 Euro im Steuerjahr. Im Corona-Steuerhilfegesetz wurde der Betrag für 2020 und 2021 auf 4008 Euro angehoben und seit 2023 auf 4260 Euro erhöht. Ab dem zweiten Kind erhöht sich der Entlastungsbetrag um 240 Euro je weiterem Kind.

Werbungskosten bei Renten und Pensionen

Werbungskosten sind alle Kosten, die Einnahmen schmälern und notwendig sind, um diese Einnahmen zu erzielen. Die Werbungskosten für Pensionen, Renten oder für die anderen Einkunftsarten sind unterschiedlich.

Bei den Werbungskosten für die Rente oder die Pension hat das Finanzamt eine Pauschale von 102 Euro angesetzt. Egal ob man eine oder zwei oder mehr Renten bezieht, diese Pauschale ist nur einmal anwendbar. Sind die tatsächlichen Werbungskosten höher, müssen diese einzeln und konkret nachgewiesen werden.

Kosten sind beispielsweise Telefongebühren, Fahrten, Porto oder juristische Beratung zur Rente oder bei einem Widerspruch zum Rentenbescheid.

Obwohl Pensionäre eigentlich eine Lohnfortzahlung bekommen, sind deren Werbungskosten ebenfalls pauschal erst einmal auf 102 Euro festgelegt. Ehepaare, die beide Rentner sind, können die Pauschale auch zweimal ansetzen.

✪ **Tipp:** *Auch Gewerkschaftsbeiträge werden als Werbungskosten anerkannt. Das sind zum einen reale Kosten, diese können aber helfen, mehr als die 102 Euro abzusetzen.*

Ideen für weitere Kosten, die als Werbungskosten angesetzt werden können, sind:

- ◉ Steuerberater, wenn er die Bearbeitung der Anlage R getrennt auf der Rechnung ausweist
- ◉ Fahrtkosten, Portogebühren, Telefongebühren, Kopien, Kontoführungsgebühren (pauschal mit 16 Euro oder reale Kosten)
- ◉ Fachliteratur zur Rentner-Steuererklärung, also auch die Kaufquittung für dieses Buch
- ◉ Rentenberatung, Beratungen durch einen Rechtsanwalt, Volkshochschulkurse zur Steuerbearbeitung
- ◉ Kosten für Abschiedsfeste in der Arbeitsstelle zum Rentenbeginn; Gästeliste darf keine privaten Kontakte aufzählen; maximal 60 Euro pro Person sind möglich.

➕ **Tipp: Belege sammeln!** *Wenn die Werbungskosten die 102 Euro übersteigen, dann müssen diese mit Belegen in der Kostenaufstellung genannt werden. Das Finanzamt kann die Belege anfordern.*

Gibt es weitere Einnahmequellen, dann sind in der jeweiligen Anlage auch weitere Werbungskosten möglich.

Arbeitnehmer haben ohne Nachweis eine Pauschale von 1230 Euro. Bei Einkünften aus Vermietung und Verpachtung werden nur Einnahmen gegen Ausgaben und

Einkunftsart	jährlicher Werbungskosten-Pauschbetrag
Renten	102 Euro je Rentner
Pensionen	102 Euro je Pensionist
Nicht selbstständige Arbeitnehmer	1230 Euro
Einkünfte aus selbstständiger Arbeit	Keine Pauschale oder Freibeträge
Vermietung/Verpachtung	Keine Pauschale oder Freibeträge
Kapitalerträge	Sparerfreibetrag: 1000 Euro für Einzelveranlagte, 2000 Euro für Ehepaare

Abschreibungen gegengerechnet. Bei Erträgen aus Kapitalvermögen deckt der Sparerpauschbetrag mögliche Unkosten ab. Weitere Einnahmen aus Zinsen und Dividenden und Gewinne aus Wertpapier- und Fondsverkäufen unterliegen der 25-prozentigen Abgeltungssteuer zuzüglich Solidaritätsabgabe – für Normalverdiener wurde diese 2021 abgeschafft.

Geschäfts-, Betriebs- und Praxisaufgabe

Bei Selbstständigen, Landwirten und Freiberuflern ist der Schritt in den Ruhestand auch mit der Aufgabe der Praxis, des Büros oder des Betriebs verbunden. Der Erlös daraus ist ein finanzielles Polster für das Rentnerdasein.

In diesem Fall wird das Geschäft oder der Betrieb an einen Nachfolger verkauft, und Räume in der eigenen Immobilie werden beispielsweise in das Privatvermögen zurückgeführt.

Dabei entstehen für gewöhnlich Gewinne. Im Falle von eigenen Betriebsräumen ist das schlicht der Wertzuwachs, denn die Grund- und Immobilienpreise sind enorm gestiegen, und das Finanzamt möchte daran mitverdienen. Für Geschäftsräume, die nicht gemietet, sondern gekauft und abgeschrieben wurden, kann das eine dicke Steuerrechnung bedeuten, der gar keine Einnahmen gegenüberstehen und die aus finanziellen Reserven oder einer Hypothek bezahlt werden muss.

Das ist zweifelsfrei ein Fall für den Fachmann und Steuerberater. Eine rechtzeitige Planung ist hier sinnvoll.

Die Steuerschuld für diese Veräußerungsgewinne kann durch einige steuermindernde Freibeträge oder Regelungen gemildert werden:

➲ Anwendung des Freibetrags über 45 000 Euro bei Geschäftsaufgabe ab Vollendung des 55. Lebensjahres oder schon früher bei dauernder Berufsunfähigkeit. Dieser Freibetrag darf nur einmal im Leben in Anspruch genommen werden. Bei einem Veräußerungsgewinn von mehr als 136 000 Euro wird der Freibetrag um den darüberliegenden Betrag zunehmend bis auf 0 gekürzt.

➲ Anwendung der Fünftelregelung (siehe Seite 51) für den anfallenden Gewinn: Dabei wird zum normalen zu versteuernden Einkommen des betreffenden Jahres der fünfte Teil des Gewinns dazugerechnet. Auf der Steuertabelle wird zu dieser Summe der prozentuale Steuersatz abgelesen. Mit diesem reduzierten Steuersatz wird dann der ganze Gewinn versteuert.

➲ Alternativ kann in besonderen Fällen der Veräußerungsgewinn mit einem ermäßigten Steuersatz von 56 % des sonst anzuwendenden Steuersatzes behandelt werden. Das wäre weniger als die Hälfte des persönlichen Steuersatzes. Aber diese Reduzierung darf einen Steuersatz von mindestens 14 % nicht unterschreiten.

Es gibt hier einige weitere Regelungen und Einschränkungen zu beachten. Die Arbeit eines versierten Steuerberaters wird sich bei den oft hohen zu verhandelnden Summen lohnen.

Sonderausgaben

Auf jeden Fall gewährt das Finanzamt den Sonderausgabenpauschbetrag: Das sind 36 Euro für Einzelveranlagte oder 72 Euro für Ehepaare. Aber unter diesem Steuerposten lässt sich sehr viel mehr an Steuern sparen, und das betrifft fast jeden Steuerzahler, auch Rentner und Pensionisten.

Die unterschiedlichen Posten haben jeweils steuerliche Grenzen, um diese geltend zu machen. Die Möglichkeiten für die Altersvorsorge sind reichlich bemessen, während die sonstigen Vorsorgeausgaben eher knapp sind und neben den Beiträgen für die Kranken- und Pflegeversicherung kaum mehr weiterer Spielraum gegeben ist.

Zu den Sonderausgaben gehören unter anderem diese steuerlich absetzbaren Ausgaben, die für Rentner Bedeutung haben:

- ● Kirchensteuer
- ● Spenden, Parteispenden, eventuell Mitgliedsbeiträge
- ● Unterhaltszahlungen an den getrennt lebenden oder geschiedenen Ehegatten
- ● Altersvorsorgeaufwendungen für die Basisabsicherung: Beiträge zur gesetzlichen Rentenversicherung, zum berufsständischen Versorgungswerk, zur landwirtschaftlichen Alterskasse und für eine Rürup-Rentenversicherung
- ● Sonstige Vorsorgeausgaben für verschiedene Versicherungen wie die Kranken- und Pflegeversicherung oder eine Haftpflichtversicherung

● Tipp: *Sonderausgaben, außergewöhnliche Belastungen und haushaltsnahe Aufwendungen können bei getrennt veranlagten Ehepaaren hälftig aufgeteilt werden, egal bei wem diese steuervergünstigenden Ausgaben angefallen sind.*

Kirchensteuer

Kirchensteuer und Kirchengeld sind als Sonderausgaben absetzbar. Bei einer Mitgliedschaft in der katholischen oder evangelischen Kirche fällt Kirchensteuer an. Bei

Kapitalerträgen führen die Banken diese Steuer automatisch an das Finanzamt ab. Eine Rückerstattung für Zahlungen im Zusammenhang mit Kapitalerträgen wird in der Anlage KAP angeführt.

Dazu kommen im Jahreslauf Voraus- oder Nachzahlungen. Eventuell werden Kirchensteuern auch erstattet. Das Finanzamt wertet die Ausgaben als steuermindernd.

Spenden

Bis zu 20 % der Einkünfte können insgesamt als Spenden geleistet und anschließend von der Steuer abgesetzt werden, und das als eine Förderung steuerbegünstigter Zwecke – so werden Spenden definiert. Mit Spenden können Sie den Zweck für die Verwendung des persönlich verdienten Geldes bestimmen. Wohin die Steuern gehen, das bleibt außerhalb der Einflussmöglichkeit des Steuerzahlers.

Das Einkommen kann mit einer Spende unter den Grundfreibetrag gedrückt werden. Allerdings sollte man dann noch ein kleines Vermögen in der Hinterhand haben, sonst wird es zum Leben eventuell knapp.

- ➡ Bis zu 20 % der Einkünfte werden sofort berücksichtigt. Übersteigende Beträge können in den Folgejahren als Spendenvortrag absetzt werden.
- ➡ Sachspenden müssen in ihrem Marktwert dokumentiert und belegbar sein.
- ➡ Der Aufwand als Mitarbeitender im Verein oder der Kirchengemeinde kann als Summe ausgewiesen und als Spende geltend gemacht werden.
- ➡ Vorsicht: Zuwendungen an Einzelpersonen für Lotterielose z. B. bei der Vereins-Tombola oder die wertliche Überbezahlung von Postwertzeichen in Form von Sonderbriefmarken mit einem Spendenanteil können nicht als Sonderausgaben geltend gemacht werden.

Gemeinnützige Vereine, wohltätige Zwecke, Kultur und Bildung, Fördervereine von Schulen und Universitäten, kirchliche und religiöse Vereinigungen und vieles andere kann der Empfänger einer Spende sein. Die Institution muss vom Finanzamt anerkannt und gemeinnützig sein, wie beispielsweise das Deutsche Rote Kreuz. Eine Spende an die Stammkneipe oder den besten Freund erfüllt die Kriterien nicht. Auch wenn diese sich sicherlich freuen. Was ist bei Spenden zu beachten:

- ➡ Die Spende ist ohne Gegenleistung für gemeinnützige Zwecke erfolgt. Der Empfänger hat eine Bestätigung vom Finanzamt, dass er steuerbegünstigt ist und Spenden entgegennehmen kann. Die inländische Organisation hat seine gemeinnützige Zweckbestimmung eindeutig und aktuell ausgewiesen und der Empfänger ist von der Körperschaftssteuer befreit. Ist das zweifelhaft, so kann man sich beim Finanzamt erkundigen.

- ❯ Der Empfänger, oft ist es ein Verein, hat die Berechtigung, eine Zuwendungsbescheinigung, so nennt das Finanzamt die Spendenquittung, auszustellen. Bei gespendeten Beträgen über 300 Euro ist diese Zuwendungsbescheinigung im Original zwingend vorgeschrieben, sonst kann die Spende nicht anerkannt werden. Sie können beim Finanzamt zwar eine Kopie abgeben, müssen aber das Original für eine Prüfung bereithalten.

- ❯ Bis 300 Euro kann auch eine einfache Quittung, ein Bareinzahlungsbeleg oder der Kontoauszug als Nachweis dienen. Die Zahlung, das Datum, die Höhe der Summe und der Empfänger müssen eindeutig daraus hervorgehen. Es soll ja niemand auf die Idee kommen, sich gefahrlos selbst Quittungen auszustellen.

- ❯ Es ist heute durchaus die Regel, dass die spendenberechtigten Organisationen die Belege elektronisch an das Finanzamt melden. Ein prüfender Blick ist aber sicher in jedem Fall gerechtfertigt, ob das auch so geklappt hat und die Spende auf Ihrem Steuerkonto angekommen ist.

- ❯ Auch Sachspenden können den Charakter einer Spende haben. Veranstaltet ein gemeinnütziger Verein eine Glückslotterie, bei der der Erlös unmittelbar für einen steuerbegünstigten Zweck verwendet wird, sind Sachspenden zum Gewinnen mit dem Marktwert abzugsfähig. Der Marktwert der Spende muss auf der Zuwendungsbestätigung eingetragen sein. Eine Beschreibung der Artikel, aus der der Wert erschlossen werden kann, ist hilfreich.

> ❍**Tipp:** *Organisationen, die Spenden einsammeln, tummeln sich ja reichlich. Von außen lässt sich das kaum beurteilen, ob die Spende auch ankommt oder in der Verwaltung und in überbordenden Werbekosten hängen bleibt.*

Bei der Aktion, die in Ihrer Nähe aktiv ist, kann man nachfragen, und das sollte man auch tun.

Bei großen Organisationen, die weniger transparent sind, kann man sich an einem Spendensiegel orientieren. Das Deutsche Zentralinstitut für soziale Fragen überprüft Spendenorganisationen, und im Internet kann man die Ergebnisse einsehen. Die Phineo AG vergibt ein »Wirkt-Siegel«. Die Aktion Deutschland Hilft ist ein Zusammen-schluss von 23 großen deutschen Hilfsorganisationen.

Zuerst orientieren, dann Gutes tun und anschließend Steuergutschriften beim Fi-nanzamt einreichen. Letztlich geben Sie so Ihren Steuern eine Zweckbestimmung und leisten einen Bonus aus eigener Tasche oben drauf.

Stiftungen

Spenden an Stiftungen sind mit bis zu einer Million Euro begünstigt. Wenn Sie Geld in eine Stiftung einbringen und dies steuerlich anrechnen lassen wollen, sollten Sie sich von Fachleuten beraten lassen. Spenden in den Vermögensstock einer Stiftung mit entsprechendem Stiftungszweck sind für Einzelpersonen bis zu einer Million und für Eheleute bis zu zwei Millionen begünstigt. Die Spende kann im Jahr der Zuwen-dung oder über bis zu zehn Jahre gestreckt steuerlich geltend gemacht werden.

Mitgliedsbeiträge

Der Mitgliedsbeitrag an den ADAC ist nicht absetzbar und ebenso nicht der Mit-gliedsbeitrag für den Sportverein, den Posaunenchor, die Laienspielgruppe oder den Karnevalsverein, da die Freizeitgestaltung im Vordergrund steht. Vereine, die über ihre Mitglieder gemeinnützige Ziele erbringen, wie Bildungsaufgaben, Denkmalpfle-ge oder den Naturschutz, können einen Mitgliedsbeitrag als gemeinnützige Spende ausweisen. Wichtig ist, der Verein muss steuerbefreit sein. Mitgliedsbeiträge für be-rufliche Standesvertretungen sind Werbungskosten und eine andere Sache.

Parteispenden

Bei Spenden an politische Parteien im Sinne des Parteiengesetzes funktioniert das alles noch einmal ganz anders. Parteien finanzieren sich nicht unwesentlich über Spenden, und deshalb wird dies für Spender, oft sind das ja Firmen und Personen, die an Einfluss interessiert sind, recht großzügig gehandhabt. Auch Mitgliedsbeiträge an politische Parteien werden so behandelt.

Alle Parteizuwendungen werden erst einmal zur Hälfte mit einem direkten Abzug von der Steuerschuld berücksichtigt und bei der Steuererklärung im kommenden

Jahr direkt erstattet. Dies ist natürlich steuerfreundlicher, als wenn die Spende nur das zu versteuernde Einkommen mindern würde. Alleinstehende können so bis 1650 Euro spenden oder Mitgliedsbeiträge bezahlen, Verheiratete die doppelte Summe. Die unmittelbare Erstattung betrifft dann 825 bzw. 1650 Euro.

Darüber hinaus können weitere Spenden in gleicher Höhe von 1650 bzw. 3300 Euro als Sonderausgaben abgesetzt werden. Dieser Betrag wird zusammen mit anderen Spenden bis zum erwähnten Höchstbetrag von 20 % des Einkommens berücksichtigt. Diese Ausgaben reduzieren das zu versteuernde Einkommen.

Parteispenden werden auf zweifache Weise steuerlich berücksichtigt. Sie sind zur Hälfte unmittelbar abzugsfähig – maximal 825 Euro für höchstens 1650 Euro Spende. Höhere Beträge zählen bis zu weiteren 1650 Euro als Sonderausgaben. Für Verheiratete gelten die doppelten Beträge.

Beispiel

Der verheiratete Politikberater Alfred Lautstark hat der Fortschrittspartei 6600 Euro gespendet. Als Sofortabzug, das ist ein Abzug direkt von der Steuerlast, bekommt er im Folgejahr eine Steuererstattung von 1650 Euro, und für seine weiteren anrechenbaren Sonderausgaben von 3300 Euro senkt er je nach individuellem Steuersatz weiter seine Steuern. Dieser Betrag wird von seinem zu versteuernden Einkommen abgezogen. Versteuert er mit dem Spitzensteuersatz, so ist sein Steuerergebnis fast vergleichbar mit dem steuerlichen Ergebnis ohne Parteispende.
Er hat so viele dankbare Freunde in der Fortschrittspartei. Bezahlt wurde seine Großzügigkeit aber im Prinzip zum größten Teil von der Allgemeinheit.

Empfänger einer Parteispende muss nicht unbedingt eine der bekannten Parteien sein. Es genügt, wenn es ein Verein ist, der an Wahlen auf Bundes-, Landes- oder Kommunalebene teilgenommen, bei der letzten Wahl ein Mandat gewonnen oder dem zuständigen Wahllokal einen eigenen Wahlvorschlag angekündigt hat. Überprüfen Sie die Voraussetzungen für die ermäßigte Besteuerung bei einer Parteispende, damit es mit der steuerlichen Anerkennung keine Probleme gibt.

Unterhaltsleistungen

Trennung und Unterhalt, diese Katastrophen des Lebens haben Sie als Rentner hoffentlich bereits hinter sich. Für den Fall, dass nicht, hier einige der steuerlichen Regeln.

Realsplitting

Unterhaltszahlungen und ein Versorgungsausgleich an den ehemaligen Ehepartner sind als Sonderausgaben steuerlich anrechenbar. Allerdings ist der Unterhalt für den getrennt lebenden oder geschiedenen Ex-Partner auf derzeit 13 805 Euro als steuerlich anrechenbare Sonderausgabe begrenzt. Im Gegenzug muss der Partner diese Zuwendung versteuern. Die Übernahme von Kranken- und Pflegeversicherungsbeiträgen für den Ex-Partner kann die Summe erhöhen. Bei einer privaten Krankenversicherung sind die Anteile zur sogenannten Basisabsicherung abzugsfähig.

Dieses Verfahren wird als Realsplitting bezeichnet. Beide Partner müssen diesem Verfahren in der Anlage U der Einkommensteuererklärung schriftlich zustimmen. Der Unterhalt gewährende Partner kann die Zustimmung vom anderen Partner sogar verlangen, wenn er sich verpflichtet, alle wirtschaftlichen Nachteile auszugleichen, die dem Ex-Partner daraus entstehen. Einen Streit vor Gericht sollte man diesbezüglich eher vermeiden. Das Realsplitting lohnt sich nur bei großem Einkommensunterschied zwischen den beiden Ex-Partnern. Die Zustimmung gilt immer nur für ein Jahr.

> **❂ Tipp:** *Wenn der Ex-Partner umsonst in Ihrer Eigentumswohnung wohnt, kann die ortsübliche Miete unter den Sonderausgaben als Unterhaltsleistung abgesetzt werden.*

Zahlt der Ex-Partner Miete oder wird die Miete mit dem Unterhalt verrechnet, können eventuell anfallende Verluste aus dieser Vermietung geltend gemacht werden.

Unterhalt als außergewöhnliche Belastung

Für außergewöhnliche Belastungen gelten normalerweise enge Vorgaben. Die Summe muss hoch genug sein, dass diese dem Betroffenen nicht mehr zumutbar ist, und ist abhängig von seinem verfügbaren Einkommen.

Gesetzlich und auch freiwillig veranlasster Unterhalt kann aber vom ersten Euro an steuerbegünstigend wirken.

Bei einem Unterhalt an den Ex-Partner, an die Eltern, an die studierenden Kinder – ohne Kindergeldanspruch – kann ein steuerlich absetzbarer Betrag von bis zu 11 604 Euro (Stand 1.1.2024; entspricht dem Grundfreibetrag) angesetzt werden. Bezahlen Sie nicht auf gesetzliche Veranlassung, sondern freiwillig, so wird dieser Betrag um Einkünfte der unterstützten Person gekürzt. Auch BAföG-Zahlungen mindern die steuerliche Absetzbarkeit. Eine professionelle steuerliche Beratung ist in diesem Zusammenhang zu empfehlen.

Rentenvorsorgeleistungen der Basisversorgung

Wer als Rentner noch einen nicht selbstständigen Job hat, kann frei wählen, ob er darauf weiter Rentenvorsorgebeiträge leistet. Wenn er sich dafür entscheidet, werden ihm die zusätzlich erworbenen Rentenpunkte im jeweils darauffolgenden Jahr gutgeschrieben, und er bekommt eine entsprechend höhere Rente. Die geleisteten Beiträge werden steuermindernd angerechnet.

Seit 2023 sind 100 % dieser bezahlten Beiträge, von denen die Hälfte der Arbeitgeber trägt, bis zum Höchstbetrag von 27 565 Euro, Eheleute 55 130 Euro (2024), steuerlich absetzbar.

Der steuerliche Freibetrag bei der Besteuerung der Rente hängt vom Renteneintrittsalter ab. Kommen im Rentenalter noch weitere Rentenpunkte hinzu, wird die Rentenversicherung diese entsprechend berücksichtigen.

Auch als Minijobber neben der Rente kann man Rentenbeiträge bezahlen. Das erhöht die Rentenansprüche für einen überschaubaren persönlichen Einsatz. Die selbst gezahlten Beiträge sind entsprechend steuerlich absetzbar. Bislang ist dies freiwillig, eine Pflicht wird diskutiert.

✪ **Tipp:** *Freiberufler können den Rentenbezug auf 99,9 % reduzieren und auch nach der Regelaltersgrenze vollständig steuerlich absetzbare Beiträge an die gesetzliche Rentenversicherung leisten. Das lohnt sich und bessert die vielleicht knappe Rente auf. Gerade Freiberufler sind für zusätzliche Rentenzeiten dankbar.*

Sonstige Vorsorgeaufwendungen

Die Basisabsicherung bei der Kranken- und Pflegeversicherung zählt zu den sonstigen Vorsorgeaufwendungen. Dazu kommen weitere Vorsorgeversicherungen wie Haftpflicht-, Unfall- und Risikolebensversicherung. Die steuerliche Anrechenbarkeit dieser sonstigen Vorsorgeaufwendungen ist aber streng limitiert und kommt deshalb oft nicht mehr zur Geltung.

Für die Krankenversicherung gilt: Wer in der zweiten Hälfte des Berufslebens zu 90 % Mitglied in der gesetzlichen Krankenversicherung war, ist auch Mitglied in der Pflichtversicherung der Rentner. Die Rentenversicherung übernimmt dann entsprechend der Höhe der Rente den halben Beitragssatz, zieht die andere Hälfte von der Rente ab und bezahlt die Krankenkassenprämie.

Freiwillig gesetzlich Versicherte oder privat Versicherte bekommen einen Zuschuss von 7,3 % der Rente plus halber Zusatzbeitrag (0,85 %) und maximal der Hälfte der Krankenkassenprämie auf Basis der gesetzlichen Krankenkasse und der Beitragsbemessungsgrenze. Sie bezahlen die Prämie selbst. Freiwillig gesetzlich Krankenversicherte zahlen auf alle weiteren Einnahmen, wie Kapitalerträge, Privatrenten, Mieteinnahmen, bis zur Bemessungsgrenze Krankenkassenbeiträge.

Pflichtversicherte zahlen nur auf Versorgungsbezüge und Arbeitseinkommen wie beispielsweise die Betriebsrente jenseits der Freigrenze von 176,75 Euro (West 2024) bis zur Krankenkassenbemessungsgrenze Krankenversicherungsbeiträge.

Steuerlich absetzbar sind:

- ➲ der selbst bezahlte Anteil von Vorsorgeaufwendungen wie Kranken-, Pflege-, Haftpflicht-, Unfall- und Risikolebensversicherung sowie privater Kapitallebensversicherung mit Abschluss vor 2005. Sonstige Vorsorgeaufwendungen können sozialversicherungspflichtige Arbeitnehmer bis zum Höchstbetrag von 1900 Euro absetzen. Für Freiberufler und Selbstständige, die ihre Krankenversicherungsbeiträge allein finanzieren, gilt ein Höchstbetrag von 2800 Euro. Dieser Topf ist so klein bemessen, dass er regelmäßig bereits durch die Krankenkassenbeiträge ausgeschöpft ist.

- ➲ der Beitrag zur gesetzlichen Pflegeversicherung von 3,4 % für Rentner mit Kind. Für Kinderlose werden 4 % (2023) fällig. Die gesetzliche Rentenversicherung bezahlt keinen Zuschuss. In der privaten Pflegeversicherung wird ein einkommensunabhängiger Beitrag berechnet.

Für Rentner und Pensionisten hat sich zur Zeit während des Berufslebens wenig geändert. Das Finanzamt bekommt von den Versicherungen die steuerlich absetzbaren Beträge bereits genannt. In den Formularen sind diese Positionen dunkelgrün hinterlegt. Bei der Krankenversicherung zählen die Basistarife. Krankentagegeld, Chefarztbehandlung oder Einzelzimmer gehören nicht dazu und werden nicht automatisch angerechnet. Diese Sonderleistungen wie auch eine Zahnzusatzversicherung müssen gesondert in der Steuererklärung genannt werden.

Ausgelobte Sachleistungen und Vorteile bei Gesundheitsprogrammen der Krankenkassen mindern den Sonderausgabenabzug nicht. Sogar Bonuszahlungen der Krankenkasse an die Mitglieder verringern nicht in jedem Fall die abzugsfähigen Krankenversicherungsbeiträge, so ein aktuelles Urteil des Bundesfinanzhofes.

Außergewöhnliche Belastungen

Dazu muss man wissen, dass es besondere und allgemeine außergewöhnliche Belastungen gibt. Bei den besonderen außergewöhnlichen Belastungen zählt bereits der erste Euro der Aufwendungen begrenzt bis zu einem Höchstbetrag, während die allgemeinen außergewöhnlichen Belastungen erst dann steuerreduzierend wirken, wenn eine persönliche zumutbare Belastung überschritten wird. Ob und welche Kosten jeweils als unzumutbare Belastung herangezogen werden dürfen, darüber gibt es natürlich immer wieder Streitfälle. Etliche Steuerbescheide ergehen aus diesem Grund unter dem Vorläufigkeitsvermerk.

Und nein, Scheidungskosten sind seit dem Jahr 2013 nicht mehr als außergewöhnliche Belastung absetzbar. Geht es bei der Scheidung auch um Vermögenswerte, die für das Paar eine existenzgefährdende Dimension haben, wie beispielsweise der Streit um einen gemeinsamen Betrieb, dann ist das eine andere Sache. Ihr Anwalt weiß dazu Rat.

Die Zumutbarkeit der außergewöhnlichen Belastung wird anhand der Einkünfte und des Familienstandes, ob mit oder ohne Kinder, festgestellt. Unter Kindern werden in diesem Fall immer solche verstanden, die Kindergeldanspruch haben. Kinder im Haushalt werden für Rentner natürlich eine seltene Ausnahme darstellen.

Im Einkommensteuergesetz wird diese Übersicht für die zumutbaren Beträge in Prozent der Einkünfte vorgegeben

Bei einem Gesamtbe-trag der Einkünfte	bis 15 340 Euro	von 15 341 bis 51 130 Euro	über 51 130 Euro
ohne Kinder	Jeweils in %		
Grundtarif	5	6	7
Splittingtarif	4	5	6
mit Kindern			
ein oder zwei Kinder	2	3	4
drei oder mehr Kinder	1	1	2

Nun muss jede dieser Einkunftsstufen zur Berechnung der Belastungsgrenze einzeln herangezogen und addiert werden.

Beispiel

Das Rentnerehepaar Ursula und Uwe Fröhlich hat zusammen eine jährliche Rente über 30 000 Euro nach Abzug der Freibeträge zum Leben zur Verfügung. Zutreffend ist die Zeile »Splittingtarif und ohne Kinder«.

4 % von 15 340 Euro = 613,60 Euro

30 000 minus 15 340 Euro = 14 660 Euro x 5 % = 733,00 Euro

Summe zumutbarer Belastungen: 1346,60 Euro

Für die Berechnung der allgemeinen außergewöhnlichen Belastung gibt es vom Finanzamt einen Onlinerechner, der eine schnelle Berechnung liefert. Der Rechner berücksichtigt bereits individuelle Freibeträge für Renten und Versorgungsbezüge von Beamten. Der Link hierzu lautet:

https://www.finanzamt.bayern.de/Informationen/Steuerinfos/Steuerberechnung/Zumutbare_Belastung/default.php

Da immer erst am Jahresende erkennbar wird, ob der Schwellenwert für allgemeine besondere Belastungen überschritten wird, sollte man es nicht verpassen, die einschlägigen Rechnungen zu sammeln. Auch ein gewisses planerisches Vorgehen, beispielsweise bei einem Zahnersatz mit vorhersehbarem Eigenanteil, ist unter Umständen mit einem steuerlichen geldwerten Vorteil verbunden, wenn Sie darauf achten, dass die Rechnungen in ein Jahr fallen, in dem die Kosten nicht durch eine Zahnzusatzversicherung abgedeckt sind.

Besondere außergewöhnliche Belastung

- ➲ Sie sind ab dem ersten Euro steuerlich absetzbar.
- ➲ Sie sind in der Höhe begrenzt.

Ausbildungsfreibetrag

Es kommt vor, dass Sie als Rentner für ein Kind noch Kindergeld beziehen. Steht dieses Kind noch in der Ausbildung und hat einen auswärtigen Wohnsitz, z. B. weil es studiert, dann steht Ihnen auch der Ausbildungsfreibetrag in Höhe von 924 Euro zu. Das deckt zwar bei Weitem nicht die Kosten für die Unterkunft, aber es ist besser als nichts. Der Freibetrag wird monatlich gewährt und nicht als Jahrespauschale. Bei zeitweiliger auswärtiger Unterbringung ist nur der entsprechende Anteil der Pauschale absetzbar. In der Anlage Kind ist dieser Pauschbetrag einzutragen.

Behindertenpauschbetrag

Für Behinderte, deren Beeinträchtigung über einen Behindertenausweis (ab einer Beeinträchtigung von 50 %) oder über eine Bescheinigung des Versorgungsamtes nachgewiesen ist, ergibt sich ein Wahlrecht, ob diese eine steuerliche Pauschale nutzen oder die Kosten einzeln nachweisen und als außergewöhnliche Belastung steuerlich geltend machen möchten.

Im Alter sind Einschränkungen ja nicht ungewöhnlich. Aber nur wenn das medizinisch festgestellt und amtlich dokumentiert ist, gibt es diese Vergünstigung. Die Zähne zusammenzubeißen und einen Spruch wie »Es wird schon wieder!« auf den Lippen zu haben, ist also weniger angebracht.

Es werden auf diese Weise soziale Nachteile ausgeglichen: für die durch die Behinderung anfallenden Kosten für die Hilfe bei den gewöhnlichen und regelmäßig wiederkehrenden Verrichtungen des täglichen Lebens und für die Pflegeaufwendungen. Das ist also recht allgemein gehalten und kann individuell ausgefüllt werden.

Der Pauschbetrag ist gerade bei einer geringen Beeinträchtigung sehr bequem, da der Einzelnachweis entfällt. Allerdings können weitere Kosten für Pflegeleistungen oder Haushaltshilfen nicht mehr beansprucht werden.

Über die genannten Pauschbeträge kann auch für eine äußerst schwere Behinderung – beispielsweise für Menschen, die blind oder hilflos und schwerstbehindert sind – eine Pauschale von 7400 Euro ab 2021 geltend gemacht werden. Als hilflos gelten Betroffene mit einem Pflegegrad 4 oder 5.

Bei Behinderung von unter 50 % wird der Pauschbetrag nur gewährt, wenn der oder die Betroffene einen Rentenanspruch, beispielsweise aus einer Unfallversicherung, hat oder dauerhaft beeinträchtigt ist mit einem Nachweis des Versorgungsamtes – oder wenn es sich um eine Berufskrankheit handelt. Seit dem Jahr 2021 wurden diese Bedingungen verbessert, da die Aufwendungen nicht mehr nachgewiesen werden müssen. Das bedeutet eine wesentliche Erleichterung, um den Pauschbetrag zu erhalten. Es genügt bereits ein Grad der Behinderung von 20 %. Eine Fahrtkostenpauschale über 900 Euro ist bei einem Grad der Behinderung von mindestens 80 % möglich und unter Umständen sogar bei einem Grad der Behinderung von 70 %.

Tritt die Beeinträchtigung im Laufe des Jahres ein, so kann der Pauschbetrag dennoch für das ganze Jahr angesetzt werden. Und wird diese Behinderung rückwirkend für vergangene Jahre festgestellt, können Sie die Pauschale auch für diese Jahre ein-

Die Pauschbeträge bei einer Behinderung			
Pauschbeträge bis 2020		ab 2021	
Grad der Behinderung (GdB)	Pauschbetrag	GdB	Pauschbetrag
		20	384 Euro
25 und 30	310 Euro	30	620 Euro
35 und 40	430 Euro	40	860 Euro
45 und 50	570 Euro	50	1140 Euro
55 und 60	720 Euro	60	1440 Euro
65 und 70	890 Euro	70	1780 Euro
75 und 80	1060 Euro	80	2120 Euro
85 und 90	1230 Euro	90	2460 Euro
95 und 100	1420 Euro	100	2840 Euro

fordern, und das Finanzamt muss neue Steuererklärungen mit den günstigeren Werten ausstellen. Sie bekommen dann zu viel bezahlte Steuern zurückerstattet.

Die meisten Steuerpflichtigen werden sich regelmäßig für die Pauschbeträge entscheiden, da diese vom ersten Euro an die Steuern reduzieren.

Werden die regelmäßigen Kosten, die aus der Beeinträchtigung entstehen, als außergewöhnliche Belastungen steuerlich angesetzt, werden nur diese Beträge erfasst, die die persönliche zumutbare Eigenbelastung übersteigen. Die Berechnung dazu steht auf Seite 88. Also nur bei wirklich die Pauschale deutlich übersteigenden Kosten ist das lohnend und muss im Einzelfall rechnerisch überschlagen werden.

✚ **Tipp: Zusätzliche Kosten.** *Die Pauschbeträge decken regelmäßige durch die Behinderung veranlasste Kosten ab. Einmalig anfallende Kosten können deshalb zusätzlich zum Pauschbetrag als außergewöhnliche Belastung steuerlich geltend gemacht werden. Das sind beispielsweise die Kosten einer Operation, einer Kur, teure Medikamente oder der behindertengerechte Umbau eines Autos etc. Gehbehinderte können nachgewiesene Fahrtkosten ansetzen, soweit diese nicht von der Krankenkasse ersetzt werden. Auch der rollstuhlgerechte Umbau der Wohnung und die Installation eines Treppenlifts können als einmalige außergewöhnliche Belastung zusätzlich angesetzt werden. Ein teurer Umbau kann aber nicht auf mehrere Jahre verteilt werden. So ist die maximale Erstattung die gezahlte Steuer aus einem Jahr, und die deckt die Unkosten nur zu einem Bruchteil.*

✚ **Tipp: Übertragung des Behindertenpauschbetrages.** *Steuerlich kann es interessant sein, wenn der Steuerfreibetrag übertragen wird. Das ist möglich. Zwischen Eheleuten kann der Behindertenpauschbetrag ebenso wie andere außergewöhnliche Belastungen hälftig aufgeteilt werden. Bei einer Einzelveranlagung kann es sich ausbezahlen, wenn der nicht eingeschränkte Ehepartner diesen hälftigen Pauschbetrag ansetzen kann.*

Auch der Behindertenpauschbetrag für Kinder, für die Sie Kindergeld bekommen, ist übertragbar. Trotzdem sind dann weitere Aufwendungen als außergewöhnliche Belastungen ansetzbar. Das kann beispielsweise eine private Schule sein, die besonders auf die Behinderung eingeht und von der zuständigen Landeskultusbehörde im Einzelfall als sinnvoll eingestuft wird.

Hinterbliebenen-Pauschbetrag

Wer vom Bundesversorgungsgesetz oder aus der gesetzlichen Unfallversicherung Hinterbliebenenbezüge bezieht, der hat auch Anspruch auf den Pauschbetrag für Hinterbliebene in Höhe von 370 Euro. Dieser Pauschbetrag ist auch gültig, wenn das Recht auf Hinterbliebenenbezüge durch eine einmalige Pauschale abgegolten wurde. Nachzuweisen ist dies durch den Rentenbescheid des Versorgungsamtes oder eines Trägers der gesetzlichen Unfallversicherung.

Pflege-Pauschbetrag

Wer seinen Ehepartner pflegt, dem steht je nach Pflegegrad (Pg) ein Pflegepauschbetrag zur Verfügung. Pflegen zwei Personen, wird diese Pauschale aufgeteilt. Die Pflegepauschale kann auch angesetzt werden, wenn die zu pflegende Person in einem Pflegeheim untergebracht ist und nur am Wochenende nach Hause kommt. Seit 2021 gilt: Pg 2: 600 Euro, Pg 3: 1100 Euro, Pg 4/5 und Merkzeichen H: 1800 Euro.

Wahlweise die tatsächlichen Kosten in gesamter Höhe als außergewöhnliche Belastung anzusetzen erfordert einen Nachweis, und die Kosten müssten die zumutbaren Beträge übersteigen. Voraussetzungen dafür ist Folgendes:

- ➲ Es handelt sich um eine unentgeltliche Pflege; die Auszahlungen der Pflegeversicherung werden ausschließlich für die Pflegeperson verwendet, wie beispielsweise für einen ambulanten Pflegedienst.
- ➲ Es geht um eine nahestehende Person oder einen Angehörigen.
- ➲ Die zu pflegende Person ist hilflos und schwerst pflegebedürftig.
- ➲ Die Pflege findet in häuslicher Umgebung statt und deckt mindestens 10 % des pflegerischen Gesamtaufwands ab.

Allgemeine außergewöhnliche Belastung

- ➲ Absetzbar sind selbst getragene Kosten.
- ➲ Die Kosten müssen die persönliche zumutbare Belastungsgrenze überschreiten.
- ➲ Die darüberliegenden Kosten dürfen unbeschränkt abgesetzt werden, wenn diese notwendig und angemessen sind.

Krankheitskosten

Vor Krankheiten sind ältere Menschen auch bei gesunder Lebensweise nicht gefeit. Mit der richtigen Therapie muss man die Lebensfreude und den Blick für die Zukunft nicht verlieren. Wesentliche Kosten werden von der Krankenkasse übernommen.

Aber es gibt darüber hinaus Kosten für Hilfsmittel, Therapien und Heilmittel, die verordnet werden, sinnvoll sind, aber nicht von der Krankenkasse getragen werden.

Allgemeine vorbeugende Maßnahmen wie eine Zahnreinigung sind nicht absetzbar. Im Falle von Zahnbehandlungen lohnt sich für gesetzlich Versicherte eine Zahnzusatzversicherung. Auch eine Diätvorschrift kann nicht als Kostenpunkt angerechnet werden.

Checkliste

Diese Kosten können Sie absetzen, sofern diese ärztlich verordnet und selbst bezahlt wurden:

- Arztkosten, die nicht von der Krankenkasse übernommen wurden
- Selbst bezahlte Medikamente und Zuzahlungen, unter Umständen auch Homöopathie oder Pflanzenheilmittel
- Hilfsmittel wie Brillen, Zahnersatz, Hörgeräte, Schuheinlagen, Stützstrümpfe, Rollator oder Rollstuhl nach Abzug eventueller Zuschüsse
- Behandlungen wie Massage, Osteopathie, Bewegungstherapie, Schmerztherapie
- Kosten für Therapien, die der Heilung zuträglich und medizinisch anerkannt sind, wie eine Augen-Laseroperation
- Selbst bezahlte Krankenhauskosten, z. B. im Ausland, aber keine Extraleistungen wie ein Einzelzimmer oder besondere Komfortzuwendungen ohne medizinische Relevanz
- Fahrtkosten zum Arzt, zur Apotheke, zur Physiotherapie, zum Optiker, zum Krankenhaus u. ä.
- Fahrtkosten für Besuch des Ehepartners bei einem längeren Aufenthalt im Krankenhaus. Lassen Sie sich diese Besuche vom Krankenhaus bestätigen. Bereiten Sie eine Quittungsvorlage dazu vor, dass diese Besuche die Heilung fördern.

Ein amtsärztliches Gutachten oder eine Bescheinigung des Medizinischen Dienstes sind notwendig für

➲ besondere Heilmaßnahmen z. B. psychotherapeutische Behandlungen, Bade- und Heilkuren sowie Akupunktur und andere individuelle alternative Gesundheitsleistungen

Für wiederkehrende Beschaffungen muss kein neues ärztliches Rezept besorgt werden, das kann rezeptfreie Medikamente oder selbst bezahlte Behandlungen betreffen. Aber wenn das Finanzamt Kosten anerkennen soll, brauchen Sie entsprechende Nachweise und Belege. So kann beispielsweise auch eine Perücke während oder nach einer Chemotherapie auf die Liste der außergewöhnlichen Belastungen gesetzt werden. Richtig begründet kann sogar eine Haartransplantation genehmigt werden. Erst am Jahresende wird man dann sehen, ob die persönliche zumutbare Belastungsgrenze übertroffen wurde.

Kurkosten

Alle Kosten für die Kur übernimmt die Krankenkasse nicht, auch wenn Sie eine Bescheinigung des ärztlichen Dienstes für eine Heil- oder Bäderkur haben. Alles, was unmittelbar mit der Kur in Zusammenhang steht und selbst bezahlt werden muss, können Sie als außergewöhnliche Belastung steuerlich absetzen. Gab es in diesem Jahr noch Kosten für ein Zahnimplantat, ist die Grenze der zumutbaren Belastung schnell übersprungen. Diese Kosten, die belegt werden müssen, können bei einer Kur zusätzlich anfallen:

➲ Selbst bezahlte Arztkosten
➲ Kosten für Kurmittel
➲ Externe Unterbringung
➲ Verpflegungsmehraufwendungen, davon werden aber 20 % pauschal als Haushaltsersparnis abgezogen
➲ Kosten für An- und Abfahrt als Kilometergeld mit dem eigenen Pkw oder das Ticket für öffentliche Verkehrsmittel
➲ Ist eine Begleitperson zur Unterstützung nötig, dann sind auch hier die Unterbringungs- und Fahrtkosten anzurechnen. Der Amtsarzt muss die Notwendigkeit bestätigen, sonst ist das ein schönes, aber privates Vergnügen.

Pflegekosten

Die Tagessätze in einem Pflegeheim sind hoch, aber auch eine Pflege zu Hause ist anstrengend, kräfteraubend und zeitintensiv. Eine freiwillige, rein altersbedingte Begründung ist dem Finanzamt für eine Absetzbarkeit der Kosten nicht ausreichend. Die Pflege muss krankheitsbedingt, aus einer Pflegebedürftigkeit heraus oder wegen einer Behinderung erfolgen.

Wer die Pflegepauschale nicht in Anspruch nimmt, kann auch die tatsächlichen Kosten als außergewöhnliche Belastung absetzen.

Voraussetzungen sind
- ❯ eine erheblich eingeschränkte Alltagskompetenz und Pflegebedürftigkeit.
- ❯ Eine Bescheinigung der Pflegekasse oder der Pflegeversicherung für den Pflegegrad.

Kosten entstehen
- ❯ durch die Pflege in einem Alten- oder Pflegeheim.
- ❯ durch die häusliche Pflege durch eine ambulante Pflegekraft oder eigene Leistung.

Ist der Partner krankheitsbedingt in einem Pflegeheim untergebracht, können die Unterbringungskosten als außergewöhnliche Kosten abgesetzt werden. Allerdings rechnet das Finanzamt dann eine Haushaltsersparnis wieder ab, falls die eigene Wohnung aufgelöst wird. Solange die eigene Wohnung behalten wird und die Kosten weiterlaufen, ist ein Abzug strittig und kann nicht erfolgen. Dies gilt ebenfalls, wenn die Wohnung des Pflegebedürftigen von dessen Ehegatten weiterbewohnt wird.

Bei einer Auflösung der Wohnung erspart er sich allerdings Kosten für die Ernährung, Strom, Wasser und Heizung. Die Haushaltsersparnis orientiert sich am Grundfreibetrag und wird dann für jeden Tag im Pflegeheim umgerechnet.

Jahr	Pauschale pro Jahr	Pauschale pro Tag
2022	10 347	28,74
2023	10 908	30,30
2024	11 604 (Stand 1.1.2024)	32,23

Sind beide Ehegatten krankheitsbedingt in einem Alten- und Pflegeheim untergebracht, ist für jeden der Ehegatten eine Haushaltsersparnis anzusetzen.

> ✚ **Tipp:** *Die Pflege des Partners erhöht die Rentenansprüche.*

Wer nicht erwerbsmäßig eigene Angehörige pflegt, kann von der Pflegekasse Beiträge für sein Rentenkonto bekommen. Auch Rentner, die bereits die Regelarbeitszeit
erreicht haben und eine Altersrente beziehen, können so ihre Rente erhöhen.

Sie müssen bei der Deutschen Rentenversicherung eine Teilrente von 99 % beantragen, also auf 1 % der Rente verzichten. Dann bezahlt die Pflegekasse, auch nachdem die Regelaltersgrenze erreicht wurde, Beiträge zur Rentenversicherung. Der Ver-
zicht auf 1 % der Rente lohnt sich in den meisten Fällen, da sich durch die Beiträge der
Pflegekasse bei der turnusmäßigen Anpassung der Rente am 1. Juli die Rente erhöht.
Nach Beendigung der Pflege kann der Rentner wieder die Vollrente beantragen.

Ob für die Pflege ein Anspruch auf ein Pflegegeld besteht, muss mit der Pflegeversicherung geklärt werden. Pflegende nahe Bezugspersonen und Verwandte ohne
Gewinnerzielungsabsicht müssen das Pflegegeld in der Regel nicht versteuern.

Zusätzliche Kosten zum Behinderten-Pauschbetrag

Einmalige anfallende Kosten können zusätzlich zum Pauschbetrag für Behinderte als
außergewöhnliche Belastung steuerlich geltend gemacht werden. Siehe Behinder-
ten-Pauschbetrag, Seite 90.

> ### Was passiert bei Katastrophen?
>
> Feuer, Sturm, Hochwasser, Diebstahl sind vielleicht unwahrscheinlich, aber
> wenn es passiert, kann es große Schäden hinterlassen. Neue Möbel, Kleidung,
> die gesamte Renovierung können viele Tausende Euro kosten.
> Das sind außergewöhnliche Belastungen. Allerdings schaut das Finanzamt
> genau hin. Hat sich der Geschädigte nicht mit einer Hausrat- oder Elementar-
> versicherung abgesichert und so einen Eigenanteil zur Schadensbegrenzung
> geleistet, kann es sein, dass das Finanzamt nicht bereit ist, die Kosten gelten zu
> lassen.

✪ **Tipp: Steuerfreie soziale Leistungen.** *Geld aus dem Sozialtopf sind eine schöne Sache und helfen bei einem Engpass. Allerdings sind diese bisweilen nicht ganz umsonst. Sie können dem Progressionsvorbehalt unterliegen. Die steuerfreie Auszahlung wird dann dem zu versteuernden Einkommen hinzugefügt und in der Folge ein höherer Steuersatz ermittelt. Dieser erhöhte Steuersatz wird dann auf das Einkommen ohne die steuerfreien Auszahlungen angesetzt. So unterliegt beispielsweise ein Krankengeld dem Progressionsvorbehalt.*

Haushaltsnahe Aufwendungen

Einige der Kosten, die als außergewöhnliche Belastung nicht anerkannt werden, lassen sich aber als haushaltsnahe Dienstleistungen absetzen.

So können Sie als pflegender Angehöriger die Pflegekosten für den Ehepartner übernehmen.

Bis zu 20 % von maximal 20 000 Euro, also 4000 Euro, lassen sich für haushaltsnahe Aufwendungen einsparen.

Der Gärtner, eine Haushaltshilfe, die Pflegerin, die Kinder- oder Seniorenbetreuung, aber auch der Kaminkehrer und der Heizungsmonteur fallen mit ihren gesondert ausgewiesenen anteiligen Arbeitskosten unter die haushaltsnahen Aufwendungen. Auch die Personalkosten bei einem privaten Umzug oder einer Entrümpelungsaktion werden so insgesamt bis 20 000 Euro und davon 20 % steuerlich gefördert.

Der Klassiker ist die Haushaltshilfe auf 538-Euro-Basis als Minijobber. Was in dieser Form einen Steuerabzug von maximal 510 Euro im Jahr möglich macht.

Die aktuelle Liste der möglichen haushaltsnahen Dienstleistungen, herausgegeben vom Bundesfinanzministerium in einem Anwendungsschreiben zu § 35a EStG, sind im Internet auf mehreren Webseiten einsehbar. So beispielsweise auf »SIS Onlinenachrichten Steuerrecht«:

https://www.sis-verlag.de/archiv/einkommensteuer/verwaltungsanweisungen/2201-bmf-anwendungsschreiben-zu-s-35a-estg

Verschiedene Formen haushaltsnaher Dienstleistungen

Ob als Arbeitgeber eines haushaltsnahen Beschäftigungsverhältnisses oder als Auftraggeber einer haushaltsnahen Dienstleistung, einer Pflege- oder Betreuungsleistung oder eines Handwerkers, Sie können für haushaltsnahe Aufwendungen eine Steuerermäßigung als Steuerbonus mit direktem Abzug von der Steuerschuld in Anspruch nehmen. Die Ausgaben werden nicht beim zu versteuernden Einkommen, sondern direkt von der Steuerschuld abgezogen.

Verschiedene Formen von haushaltsnahen Dienstleistungen	Steuerlich begünstigt pro Jahr
Haushaltshilfe als Minijob	20 % der Aufwendungen, maximal 510 Euro
Sozialversicherungspflichtige Haushaltshilfe	20 % der gesamten begünstigten Aufwendungen, aber maximal 4000 EUR
Haushaltsnahe Dienstleistungen	
Pflege- und Betreuungsleistungen	
Unterbringung im Heim oder zur Pflege, wenn die Aufwendungen einer Hilfe im Haushalt vergleichbar sind	
Handwerkerleistungen	20 % der Kosten (ohne Material), maximal 1200 Euro

Handwerkerleistungen

Wenn Sie Ihre Wohnung renovieren, müssen Sie nicht Eigentümer sein, um die Kosten für den Elektriker, den Mauer oder Maler mit seinen Arbeitskosten hier aufführen zu dürfen. Handwerkerkosten sind allerdings bis 6000 Euro limitiert, und 20 % davon sind eine maximale Steuerreduzierung von 1200 Euro. Projekte wie der Wintergarten, die Dachgaube oder der Anbau werden unter dem Strich so ein wenig günstiger. Denken Sie auch an den Arbeitslohn, wenn die Waschmaschine, die Heizung oder der Elektroherd kaputt gegangen sind und ein Monteur kommen musste. Wichtig ist, dass bei den Rechnungen die Material- und Arbeitskosten sauber getrennt sind.

> **Tipp:** *Auch wer aus privaten Gründen umzieht, kann die Kosten für das Umzugsunternehmen als haushaltsnahe Dienstleistung auf der Steuererklärung ansetzen.*

Betreuungsleistungen

Stehen in Ihrer Nebenkostenabrechnung der Mietwohnung Kosten für Gartenpflege, Reinigung des Flurs und des Treppenhauses oder ein Schneeräumdienst? Das sind alles haushaltsnahe Aufwendungen, die Sie auch als Mieter direkt von der Steuerschuld abziehen können.

Steuerehrlichkeit bringt Vorteile

Warum das Finanzamt hier jeweils 20 % direkt von der Steuerschuld in Abzug bringt und dem Steuerzahler entgegenkommt? Das sind natürlich oft Dienstleistungen, die anfällig für Schwarzarbeit sind. Die geschenkte Mehrwertsteuer bei so manchem Geschäft verliert da natürlich ihren Reiz.

Der Minijob im eigenen Haushalt

Ob zum Kochen, zum Putzen oder zur Betreuung und Pflege, über einen Minijob können die Ausgaben für eine feste Anstellung im eigenen Haushalt unproblematisch abgesetzt werden. Die Verdienstgrenze liegt bei 538 Euro, und es gilt Rentenversicherungspflicht. Die Einzahlung in die Rentenkasse durch den Arbeitgeber kommt dem Beschäftigten aber nur zugute, wenn er sich nicht von der Versicherungspflicht befreien lässt und auch seinen Teil an die Rentenkasse bezahlt. Ohne Befreiung zahlt der Minijobber in einem Privathaushalt 13,6 % seines Lohns in die Rentenversicherung ein. Der private Arbeitgeber bezahlt 5 %.

Die Unterlagen dazu gibt es bei der Minijobzentrale im Internet unter www.minijobzentrale.de.

20 % der Lohnkosten und der Sozialabgaben können in der Steuererklärung in der Anlage Haushaltsnahe Aufwendungen angesetzt werden, für private Minijobs aber maximal 510 Euro.

Insgesamt zahlen private Arbeitgeber im Privathaushalt für haushaltsnahe Tätigkeiten pauschale Abgaben von maximal 14,94 % (Stand 2023). Die Rechnung sieht also wie folgt aus:

Lohn: 12 x 450 Euro = 5400 Euro
Pauschale Abgabe: 14,94 % von 5400 Euro = 806,76 Euro
Summe Lohnkosten priv. Minijob: 6206,76 Euro
Steuererstattung 20 %, maximal 510 Euro: 510 Euro

Auf der Internetseite der Minijobzentrale, wo auch Minijobber angemeldet werden können, gibt es diverse Onlinerechner, um die Kosten für den Minijobber auch bei geringeren Beträgen als den 538 Euro zu ermitteln.

Verwirrend mag auf den ersten Blick sein, dass die Abgaben für Minijobs bei gewerblichen Arbeitgebern anders geregelt werden als in privaten Haushalten.

Pauschale	Minijobs gewerblich	Minijobs im Privathaushalt	Kurzfristige Minijobs
Krankenversicherung	13 %	5 %	keine
Rentenversicherung	15 %	5 %	keine
Steuern	2 %	2 %	25 % (pauschale Lohnsteuer und ggf. Pauschal-Kirchensteuer oder individuell)
Umlage Krankheit (U1) ab 1. 10. 2020	1,1 %	1,1 %	1,1 %
Umlage Mutterschutz (U2) ab 1. 10. 2020	0,24 %	0,24 %	0,24 %
Umlage Insolvenz	0,06 %	keine	0,06 %
Unfallversicherung	individuelle Beiträge (durchschnittlich 1,3 %)	1,6 %	individuelle Beiträge (durchschnittlich 1,3 %)
Insgesamt	32,70 %	14,94 %	ca. 27,70 %

Sonstiges

Was das Finanzamt unter »Sonstiges« für eine Steuerreduzierung versteht, könnte man im Umgangsdeutsch auch als Ausnahme bezeichnen. Das deutsche Steuerrecht bietet viel Gestaltungsfreiraum, und wer von den Ausnahmen betroffen ist, der sollte darüber Bescheid wissen, um es in seine Überlegungen mit einzubeziehen. Im Steuerbogen ist dafür eine eigene Anlage vorhanden. Diese wird aber nur in seltenen Fällen nötig sein. Die unten genannten Umstände geben entsprechende Hinweise.

Erben ist kompliziert

Nicht immer ist die Erbmasse eindeutig. Da gibt es noch offene Posten, Forderungen und Verpflichtungen. Zwar haben Sie die Erbschaftsteuer bereits entrichtet, aber durch die neue Situation ist eine Korrektur der früher gemachten Angaben nötig. Die Themen sind oft nicht transparent, und ein Fachmann kann hier Klarheit bringen.

Baudenkmäler und Kulturgüter

Der Denkmalschutz wird in Deutschland gefördert. Zwar sind alle Baumaßnahmen und Renovierungen strengen Richtlinien unterworfen, aber alle Ausgaben sind dafür in den folgenden sieben Jahren mit 9 % bei der Steuer absetzbar.

Zu viel gespendet?

Spenden sind bis 20 % des Einkommens absetzbar. Wer aber in einem Jahr über diese Grenze hinaus für wohltätige Zwecke gespendet hat, kann die überzahlten Beträge im Folgejahr bei der Steuer anmelden. Wer auf ein erfolgreiches Leben zurückblickt, mag schon mal aus persönlicher Dankbarkeit sehr großzügig Projekte fördern, die das Miteinander versöhnlicher gestalten. Das Finanzamt begünstigt diese Absichten.

Verluste günstig verteilen

Sie sind zwar bereits Rentner, aber bauen in Ihrem Haus eine Mietwohnung aus. Mieteinnahmen stehen in der entsprechenden Höhe den Ausgaben nicht entgegen. Es entstehen Verluste, die das Finanzamt dann im Steuerbescheid berücksichtigt. Es kann aber Überlegungen geben, dass die Verluste sich im kommenden Jahr bei entsprechenden Einnahmen steuerlich sehr viel besser auswirken. Es gibt die Möglichkeit, diese Verluste als Teilbetrag oder auch als Ganzes vorzutragen. Die Hilfe eines Steuerberaters gibt die Gewissheit, ob dies eine gute Idee ist. Auch Freibeträge von Investmentfonds können auf das kommende Jahr fortgeschrieben werden.

Beispiele für Rentenzahlungen und ihre Besteuerung

Hier einige Musterrechnungen für Rentenzahlungen mit einer Überschlagsrechnung, ob Teile der Rente steuerpflichtig sind. Berücksichtigt wird die Werbungskostenpauschale über 102 Euro. Sonderausgaben für die Krankenkasse können unterschiedlich ausfallen und werden deshalb hier nicht berücksichtigt.

Gesetzliche Rente, Rentenbeginn 2005

Ein Rentner bezieht im Jahr 2005 eine Rente aus der gesetzlichen Rentenversicherung, die bereits im Jahr 2000 begonnen hat – mit einem Jahresbetrag von 12 000 Euro. Bis zum Jahr 2024 erhöht sich die Rente um 2000 Euro.

Steuerpflichtiger Teil der Rente im Jahr 2005	
50 % von 12 000 Euro	6000 Euro
Steuerfreier Teil der Rente (festgeschrieben)	6000 Euro
Jahresbetrag der Rente 2024	14 000 Euro
abzgl. steuerfreier Teil der Rente (berechnet aus dem Jahr 2005)	– 6000 Euro
Werbungskosten	–102 Euro
Steuerpflichtiger Teil der Rente im Jahr 2020	7898 Euro

Der Grundfreibetrag in 2024 liegt bei 11 604 Euro (Stand 1.1.2024). Es liegt keine Steuerpflicht vor, wenn es keine weiteren größeren steuerpflichtigen Einnahmen gibt. Auch Kranken- und Pflegeversicherungsbeiträge mindern zusätzlich das zu versteuernde Einkommen.

Folgerente, Ermittlung des fiktiven Rentenbeginns

Folgen Renten aus derselben Versicherung einander ohne Unterbrechung nach – z. B. eine Altersrente folgt auf eine Erwerbsminderungsrente oder eine Hinterbliebenenrente folgt auf eine Altersrente des verstorbenen Ehepartners –, ist für die Bestimmung des steuerpflichtigen Anteils der neuen Rente der Rentenbeginn der vorhergehenden Rente maßgeblich. Auch ein früherer Rentenbezug in derselben Versicherung, der durch eine Phase des Nichtbezugs unterbrochen wurde, zählt bei einem späteren Rentenbezug. Die Bezugszeit wird bei der Ermittlung des prozentualen Freibetrags mitgerechnet und der spätere Rentenbeginn fiktiv vordatiert.

Fall 1 – Folgerente

Seit 2005 Bezug einer Erwerbsminderungsrente, steuerpflichtiger Anteil: 50 %
Seit 2020 Bezug der Regelaltersrente, als Folgerente gilt das Eintrittsjahr 2005, steuerpflichtiger Anteil: 50 %

Fall 2 – Unterbrochener Rentenbezug und Folgerente

Von 2005 bis 2014 zehn Jahre Bezug einer Erwerbsminderungsrente
Von 2015 bis 2019 Erwerbstätigkeit, kein Rentenbezug
Ab 2020 Bezug der Regelaltersrente
Anrechnung von zehn Jahren für die Ermittlung des fiktiven Renteneintrittsjahrs
Fiktiver Renteneintritt 2010
Steuerpflichtiger Anteil der Rente: 60 %

Eigene Rente plus Hinterbliebenenrente

Bei alleinstehenden Rentnern, die eine eigene und zusätzlich eine Hinterbliebenenrente beziehen, werden die Einnahmen nach der Grundtabelle versteuert. Der Splittingtarif gilt nur im ersten Jahr nach dem Tod des Ehepartners.

Der steuerliche Freibetrag der Hinterbliebenenrente berechnet sich als Folgerente nach dem Jahr des ersten Bezugs der Rente durch den Ehepartner und nicht nach dem Jahr des Bezugs der ersten Hinterbliebenenrente.

Eigene Rente

Steuerpflichtiger Teil der Rente zum Erstbezug 2005	
50 % von 10 000 Euro	5000 Euro
Steuerfreier Teil der Rente (festgeschrieben)	5000 Euro
Jahresbetrag der Rente 2024	14 000 Euro
abzgl. steuerfreier Teil der Rente (berechnet aus dem Jahr 2005)	−5000 Euro
Werbungskosten	−102 Euro
Steuerpflichtiger Teil der Rente im Jahr 2024	8898 Euro

Hinterbliebenenrente

Steuerpflichtiger Teil der Rente zum Erstbezug 2015 als Folgerente von 2005	
50 % von 6000 Euro	3000 Euro
Steuerfreier Teil der Rente (festgeschrieben)	3000 Euro
Jahresbetrag der Rente 2024	6500 Euro
abzgl. steuerfreier Teil der Rente (berechnet aus dem Jahr 2005)	− 3000 Euro
Werbungskosten (nur einmal pro Person möglich)	− 0 Euro
Steuerpflichtiger Teil der Rente im Jahr 2024	3500 Euro
Insgesamt steuerpflichtige Renteneinkünfte	12 398 Euro

Die Einnahmen liegen zwar oberhalb des Grundfreibetrages für das Jahr 2024 von 11 604 Euro (Stand 1.1.2024; eine Erhöhung auf 11 784 Euro ist für das Frühjahr 2024 geplant), wegen der Sonderausgaben für Kranken- und Pflegeversicherung liegt ohne weitere steuerpflichtige Einnahmen voraussichtlich dennoch keine Steuerpflicht vor.

Anrechnung von eigenen Einkünften auf Hinterbliebenenrente

Einschränkend sei angemerkt, dass beim Bezug einer Hinterbliebenenrente eine eigene Rente angerechnet wird, wenn diese den Freibetrag von derzeit 992,64 Euro (der 26,4-fache Wert des aktuellen Rentenwertes – hier der Rente West: 37,60 Euro – Stand Juli 2023) übersteigt. Der Erhöhungsbetrag pro Kind beträgt das 5,6-fache des Rentenwerts. Die den Freibetrag übersteigenden eigenen Einkünfte werden nach einem zusätzlichen Pauschalabzug von 14 % mit 40 % mindernd auf die Hinterbliebenenrente angerechnet. In unserem Beispiel oben beträgt die monatliche Rente:

1000 Euro minus Pauschalabzug von 140 Euro (14 %)	860 Euro

Sie liegt unterhalb der Anrechnungsgrenze, die Hinterbliebenenrente kann also voll ausbezahlt werden.

Versorgungsbezüge aus einer Werksrente

Für Versorgungsbezüge werden ein Versorgungsfreibetrag, ein Zuschlag und Werbungskosten berücksichtigt. Der Versorgungsfreibetrag gilt ab Vollendung des 63. Lebensjahres und bei Schwerbehinderten ab dem 60. Lebensjahr und wird nach dem Renteneintrittsjahr berechnet. Bei Beamten gibt es keine Altersbegrenzung. Der endgültige Versorgungsfreibetrag (2023: 13,6 %, 2024: 12,8 %) wird jeweils im ersten vollständigen Rentenjahr festgelegt und ändert sich nicht mehr, auch wenn sich die Werksrente erhöht. Für einen Rentenbeginn während des Jahres werden der Versorgungsbeitrag und der Zuschlag anteilig berechnet.

Renteneintrittsjahr für Werksrente 2024	
Werksrente jährlich	4800 Euro
Versorgungsfreibetrag (12,8 %, max. 1200 Euro)	652,80 Euro
Zuschlag zum Versorgungsfreibetrag	288 Euro
Werbungskostenpauschale	–102 Euro
Steuerpflichtiger Anteil der Werksrente	3757,20 Euro

Mehrere Versorgungsbezüge

Bei mehreren Versorgungsbezügen wird der Prozentsatz, der Höchstbetrag und der Zuschlag jeweils nach dem Beginn des einzelnen Versorgungsbezugs berechnet. Die Summe der Freibeträge ist auf den Höchstbetrag und den Zuschlag des ersten Versorgungsbezugs begrenzt. Nicht berücksichtigt wurde die Werbungskostenpauschale. Bei Hinterbliebenenbezügen, die als Folgebezug in die Werksrente eintreten, ist der Versorgungsbeginn des Verstorbenen maßgeblich.

Werksrente 1

Renteneintrittsjahr für die Werksrente 2005	
Werksrente jährlich	6000 Euro
Versorgungsfreibetrag (40 %, max. 3000 Euro)	2400 Euro
Zuschlag zum Versorgungsfreibetrag	900 Euro
Versorgungsfreibetrag und Zuschlag Werksrente 1	3300 Euro

Werksrente 2

Renteneintrittsjahr für die Werksrente 2020	
Werksrente jährlich	4800 Euro
Versorgungsfreibetrag (16 %, max. 1200 Euro)	768 Euro
Zuschlag zum Versorgungsfreibetrag	360 Euro
Versorgungsfreibetrag und Zuschlag Werksrente 2	1128 Euro
Summe Freibeträge und Zuschläge Rente 1 und 2	4428 Euro
Maximaler Freibetrag und Zuschlage aus Rente 1	3900 Euro
Summe Rente 1 und 2	10 800 Euro
Abzüglich Freibetrag und Zuschlag	– 3900 Euro
Steuerpflichtiger Anteil der Werksrenten 1 und 2	6900 Euro

Lebensversicherungsrente

Die Auszahlung einer Lebensversicherung als Rente erfolgt mit der Versteuerung des Ertragsanteils unabhängig vom Abschlussdatum der Lebensversicherung.

Je nach Lebensalter bei Rentenbeginn ist dieser unterschiedlich gestaffelt, bei einem Alter von 63 Lebensjahren sind das 20 %.

Bei Rentenbeginn mit 63 Jahren und einer Jahresrente von 6000 Euro sind 1200 Euro zu versteuern.

Vorsicht: Wer freiwillig gesetzlich krankenversichert ist, muss darauf Beiträge von 14 % zur Krankenversicherung und zusätzlich Pflegeversicherung abführen. Diese Beiträge sind wiederum als Sonderausgaben steuerlich abzugsfähig.

Steuererklärung Fallgeschichte I

Die Rentnerin ist alleinstehend und bekommt seit 2024 16 000 Euro Rente. Weitere Einkünfte hat sie nicht. Ihr Anteil für die Krankenkasse beträgt 1170 Euro und der Beitrag für die Pflegeversicherung 412,50 Euro. Sie hat Ausgaben von 240 Euro für haushaltsnahe Dienstleistungen. Diese mindern das zu versteuernde Einkommen nicht, sondern werden direkt von der Steuerschuld abgezogen.

Jahresbruttorente	16 000 Euro
Minus steuerfreier Anteil (16 %)	−2400 Euro
Werbungskostenpauschale	−102 Euro
Zwischensumme steuerpflichtige Rente	13 338 Euro
Kranken- und Pflegeversicherung	−1583 Euro
Sonderausgabenpauschale	−36 Euro
Zu versteuerndes Einkommen	11 719 Euro
Steuer Einkommensgrundtabelle 2024	16 Euro
Abzüglich haushaltsnahe Dienstleistungen (20% von 240 Euro)	−48 Euro
Zu zahlende Steuer	0 Euro

Eine Steuervorauszahlung für das kommende Steuerjahr ist nicht gegeben, da keine Steuer zu zahlen ist.

Zusätzliche Einnahmen für Ruheständler

Neben der Rente fallen noch weitere Einnahmen an. Wer bereits in der Regelaltersrente ist, kann unbeschränkt dazuverdienen. Wer geschickt ist und die steuerliche Seite im Auge behält, kann möglichst viel Bruttoverdienst zu Nettoeinkünften machen.

Nicht selbstständige Arbeit

Das ist ein zentrales Thema für Ruheständler. Darunter fallen Beamte mit einer Pension, Ruheständler mit einer Betriebsrente vom Arbeitgeber und Rentner, die sich mit einem Nebenjob noch etwas Geld dazuverdienen wollen oder auch, weil sie einfach Freude haben an dem, was sie tun. Wer seine Steuererklärung selbst ausfüllt, holt sich dazu die Anlage N auf den Tisch.

Beamtenpensionen und Werksrenten

Beamte bekommen Versorgungsbezüge. Unter steuerlichen Gesichtspunkten gelten diese als Lohnfortzahlung. Auch Werksrenten werden als nicht selbstständiges Einkommen eingeordnet. Normalerweise können für die Erlangung des Einkommens alle Unkosten, die sogenannten Werbungskosten, dagegengerechnet werden. Pensionisten haben hier aber keine größeren Ausgaben, deshalb gilt für Rentner und Pensionisten die ermäßigte Werbungskostenpauschale von 102 Euro.

Automatisch vom Finanzamt werden bei Pensionisten und Beziehern von Werksrenten der Versorgungsfreibetrag und der Zuschlag berücksichtigt. Dieser Freibetrag sinkt je nach Eintritt in den Ruhestand fortschreitend bis zum Jahr 2040 auf 0 (siehe Seite 74).

Früher in Rente gehen plus Nebenjob?

Es ist ein Traum vieler Arbeitnehmer, früher in den Ruhestand zu gehen. Die Rente mit 63 Jahren ist ein Angebot für Versicherte mit 35 Jahren Wartezeit in der Rentenversicherung. Es ist möglich, ab dem 50. Lebensjahr bis zum 63. Lebensjahr den Abschlag auf die Rente von 0,3 % pro Monat für einen früheren Rentenbeginn auszugleichen. Wer 45 Beitragsjahre in der Rentenversicherung vorweisen kann, kann sogar ohne Abschläge in den Ruhestand gehen. Versorgungswerke haben eigene Regeln.

Wer keine 45 Beitragsjahre vorweisen kann, kann die Abschläge steuerreduzierend durch Zahlungen in jährlichen Raten oder auch größeren Beträgen ausgleichen. Die Zahlungen sollten innerhalb der Grenzen für die Altersvorsorgebeträge bleiben, um die Steuervorteile auszuschöpfen. Gehen Sie dann mit 63 Jahren in Rente, ist die Rente fast so hoch, als hätten Sie bis zur Altersregelgrenze gearbeitet. Den Teil der Rente, der wegfällt, weil Sie keine Beiträge mehr bis zur Regelaltersgrenze bezahlen, wird durch den Abschlag nicht ausgeglichen. Arbeiten Sie bis zu einem Altern von 64

Anhebung der Regelaltersgrenze für Rentner auf 67 Jahre			
Geburtsjahr	Anhebung um ... Monate	auf das Alter	
		Jahr	Monat
1954	8	65	8
1955	9	65	9
1956	10	65	10
1957	11	65	11
1958	12	66	0
1959	14	66	2
1960	16	66	4
1961	18	66	6
1962	20	66	8
1963	22	66	10
1964	24	67	0

Wer im Januar 1959 geboren wurde, wird im Januar 2024 65 Jahre alt. Bis zur Regelaltersgrenze muss er noch 14 Monate warten und kann am 1. Mai 2025 in Regelaltersrente gehen.

Jahren, bezahlen Sie mehr Beiträge, und die Abschläge sind geringer. Für manche ein Kompromiss.

Steuerlich ist es sicherlich lohnend, den Abschlag für die Rente mit 63 zu bezahlen und trotzdem bis zur Regelaltersgrenze weiterzuarbeiten. Der komplette Betrag ist seit 2023 als Altersvorsorge bis zur Bemessungsgrenze vollständig steuerlich anrechenbar. In 2024 sind das 27 565 Euro für Alleinstehende und 55 130 für verheiratete Paare. Der Abschlag ist, bei Einzahlung vor Rentenbeginn, auch auf mehrere Jahre mit geringen Zuschlägen verteilbar. Die genaue Summe oder die genauen Teilsummen müssen mit dem Rentenberater abgesprochen werden. Diese steuerlich anrechenbare Investition schlägt derzeit alle Angebote der Versicherungswirtschaft. Rückzahlbar ist das Geld natürlich nicht, aber eine lebenslange Rente ist sicher.

Es gibt seit 2023 auch keine Hinzuverdienstgrenzen mehr bei der vorgezogenen Rente. Aber ehrlich, was ergibt es für einen Sinn, früher in Rente zu gehen und trotzdem weiterzuarbeiten? Die beste Variante ist es, den Abschlag zu bezahlen, zusätzliche Rentenpunkte zu erwerben und bis zur Regelaltersgrenze zu arbeiten.

Beim Bezug Rente wegen teilweiser Erwerbsminderung ergibt sich innerhalb des festgestellten Leistungsvermögens eine Hinzuverdienstgrenze von 37 117,50 Euro, bei Renten wegen voller Erwerbsminderung von 18 558,75 Euro (Stand: 2024). Wird diese Grenze überschritten, wird Ihre Rente gekürzt.

Wenn Sie als Freiberufler oder Selbstständiger, trotz Rentenbezug, weiter in die Rente einbezahlen wollen, reduzieren Sie die Rente auf 99 % als Teilrente und bezahlen weiter freiwillig ein. Allerdings fällt der Arbeitgeberanteil weg, aber Sie können die ganze Summe steuerlich geltend machen. Wenn Sie als Selbstständiger Geld dazuverdienen, kann es aber sein, dass Sie den Status als Pflichtversicherter in der Krankenkasse verlieren und als freiwillig gesetzlich Krankenversicherter eingestuft werden. Zukünftig höhere Sozialabgaben für die Krankenkasse könnten Ihnen dann den Spaß am Arbeiten vermiesen.

Nebenjob zur Rente

Bei einer Fortsetzung des Arbeitsverhältnisses neben der Regelaltersrente, eventuell mit reduzierter Stundenzahl, ist alles wie gehabt. Der Arbeitgeber bezahlt die Sozialversicherung und Sie den Arbeitnehmeranteil. Ob Sie sich von den Beiträgen zur Rentenversicherung befreien lassen, können Sie entscheiden, wenn die Regelaltersgrenze erreicht ist. Mehr Rente ist aber langfristig immer gut.

Rentner entscheiden sich häufig bei einem Nebenjob für den Minijob, der vom Arbeitgeber bereits pauschal versteuert wurde und damit in der Steuererklärung nicht mehr aufgeführt werden muss.

Minijob

Wer die Regelaltersgrenze erreicht hat, kann sowieso dazuverdienen, so viel er möchte. Wer früher in Rente ging, hatte den Zusatzjob nach der Statistik oft als 450-Euro-Minijob gestaltet. Mehr als 1,1 Millionen Rentner hatten in früheren Statistiken einen Minijob.

Die Vorteile bei einem Minijob sind, dass die Einkommensteuer bereits durch den Arbeitgeber abgegolten wurde. Bei einem gewerblichen Minijob bezahlt der Arbeitgeber den größten Teil der Rentenversicherung, und als Arbeitnehmer können Sie ab Erreichen der Regelaltersgrenze derzeit selbst entscheiden, ob Sie einen eigenen Anteil von derzeit 3,6 % übernehmen oder sich befreien lassen. Bis zum Erreichen des Rentenalters sind Sie aber versicherungspflichtig. Als Altersrentner erhöhen Sie Ihre Rentenansprüche nur, wenn Sie auch eigene Beiträge bezahlen, was ratsam ist. Eine Pflicht, Rentenbeiträge zu bezahlen, wird diskutiert.

Der Arbeitgeber zahlt für den Minijob Krankenversicherungsbeiträge, diese begründen aber kein Krankenversicherungsverhältnis. Der Rentner ist durch seine Rente krankenversichert, nicht durch den Minijob. Die Beiträge fließen in den allgemeinen Gesundheitsfonds. Für privat krankenversicherte Minijobber muss der Arbeitgeber keine Krankenkassenbeiträge abführen.

Wenn jemand zwei Minijobs hat, werden diese zusammengerechnet und unterliegen in der Summe der Sozialversicherungspflicht. Ebenso kann die Einkommensteuer nicht mehr pauschal abgegolten werden, und das Einkommen unterliegt der Einkommensteuer.

In einem pauschal versteuerten Minijob können keine Werbungskosten geltend gemacht werden. Der Steuerschuldner ist in diesem Fall nicht der Angestellte, sondern der Arbeitgeber.

Nur wenn sich Arbeitgeber und Arbeitnehmer entscheiden, die Lohnsteuer vom Arbeitsentgelt gemäß der Lohnsteuerklasse abzuführen und Sozialversicherungsbeiträge zu bezahlen, können Werbungskosten im Rahmen des Lohnsteuerjahresausgleichs in Ansatz gebracht werden. Das ist dann ein »ganz normaler« Job, und Rentner verschenken die Vorteile des pauschal versteuerten Minijobs. Der gesetzliche Mindestlohn, auch für Minijobber, liegt derzeit bei 12,41 Euro, und ab 2025 steigt er auf 12,84 Euro. Auf dem Arbeitsmarkt gibt es aber vielfach höhere Angebote.

> **⊙ Tipp:** *Rentner sollten bei einem Hinzuverdienst, auch in einem Minijob, immer die Variante für Rentenbeiträge wählen. Das gesparte Geld wird durch einen höheren Rentenbezug über die Jahre um ein Vielfaches aufgehoben.*

Wer auch nach Beginn der Regelaltersgrenze in einem normalen Job als Angestellter weiterarbeitet, erhöht seine Rentenansprüche. Wie auch schon während der vergangenen Arbeitszeit kann er Werbungskosten ansetzen.

Mini- und Midijob im Vergleich

Minijob und Steuern

- ⊘ Minijobs sind als Rentner wegen pauschaler Besteuerung interessant.
- ⊘ Der Arbeitgeber führt eine einheitliche Pauschalsteuer von 2 % inklusive Kirchensteuer (bei Kirchensteuerpflicht) an die Minijob-Zentrale ab. So entsteht wenig Aufwand.
- ⊘ In der Regel übernimmt der Arbeitgeber die Abgaben.
- ⊘ In der Einkommensteuererklärung müssen die Einkünfte nicht gesondert angegeben werden. Mit der Pauschalsteuer sind alle steuerlichen Pflichten erledigt. Dazu gehört aber auch, dass keine Werbungskosten abgesetzt werden dürfen.

Midijob und Steuern

- ⊘ Ein Midijob ist für Rentner weniger interessant.
- ⊘ Ein Midijob stellt einen Übergangsbereich von Löhnen zwischen 538 und 2000 Euro mit reduzierten, aber langsam ansteigenden Sozialbeiträgen dar.
- ⊘ Ein Midijob verspricht volle Lohnsteuerbelastung und keine pauschale Besteuerung.

Checkliste: Werbungskosten bei normaler Erwerbstätigkeit

- ➲ Arbeitnehmer-Pauschbetrag in 2023 über 1230 Euro
  oder die Summe der Werbungskosten übertrifft die 1230 Euro ☐
- ➲ Fahrtkosten zwischen Wohnung und Arbeitsstätte: 30 Cent pro Entfernungs-
  kilometer bis 20 km, ab dem 21. Entfernungskilometer 38 Cent
  oder die Kosten für öffentliche Verkehrsmittel ☐
- ➲ Arbeitsmittel: Computer, Werkzeug, Fachbücher, Kurse, Arbeitskleidung u.a. ☐
- ➲ Arbeitszimmer, falls Mittelpunkt der beruflichen Erwerbstätigkeit ☐
- ➲ Homeoffice-Pauschale über 1260 Euro. Diese Pauschale gilt 210 Arbeitstage
  und 6 Euro/Tag. Für diese Zeit ist aber keine Abrechnung der Fahrtkosten
  (Pendlerpauschale) möglich, und sie kollidiert mit dem Steuerabzug für ein
  Arbeitszimmer. ☐
- ➲ Reisekosten: Übernachtungskosten und Verpflegungsmehraufwand ☐

Ehrenamt und Übungsleiter

Deutschland ist ein Land des sozialen Engagements, jeder Fünfte ist dabei. Egal ob im Fußballklub, in der Schule, als Trainer und Chorleiter, im Technischen Hilfswerk, bei der freiwilligen Betreuung von sozial gefährdeten Kindern im Kinderheim oder der Dienst bei der Telefonseelsorge …

- ➲ Auch (oder gerade) im Alter seine Erfahrung weiterzugeben ist eine erfüllende
  Aufgabe und vermittelt Kontakt zu Mitmenschen. Wer das rechtzeitig plant, hat
  im Ruhestand eine wunderbare Aufgabe, die sogar finanzielle Vorteile bietet.
- ➲ Ehrenamt oder Übungsleiter sind ideale Nebenjobs für Ruheständler.
- ➲ Sie werden begünstigt durch eine steuerfreie Pauschale von 840 bzw. 3000
  Euro (Stand 2024).
- ➲ Werbungskosten oder Betriebsausgaben sind steuerlich absetzbar.
- ➲ Ehrenamt und Übungsleiter sowie Minijob sind kombinierbar, aber nicht für die
  gleiche Tätigkeit.
- ➲ Voraussetzung ist: Es handelt sich um eine Tätigkeit für eine öffentlich-recht-
  liche oder gemeinnützige Körperschaft.
- ➲ Ziel der Förderung ist ein mildtätiger, gemeinnütziger oder kirchlicher Zweck.
- ➲ Hinzuverdienst innerhalb der Pauschale wird nicht auf die Sozialhilfe angerechnet.

Das Finanzamt unterstützt das soziale Engagement in einem Ehrenamt mit einer steuerfreien Pauschale über 840 Euro. Übungsleiter haben sogar einen Freibetrag von 3000 Euro für eher pädagogische Tätigkeiten. Da lohnt es sich doch, erworbene Fähigkeiten weiterzugeben. Zwar können Sie Übungsleiter und Ehrenamt nicht für die gleiche Tätigkeit ansetzen, aber beides zu kombinieren ist unter Umständen möglich. Der Job bei der Sterbehilfe oder im Altenheim als Ehrenamt und als Jugendtrainer im Sportverein ist möglich. Nicht möglich ist es, für das Jugendtraining und die Förderung von Talenten im Sportverein sowohl die Übungsleiterpauschale als auch das Ehrenamt steuerlich geltend zu machen, dazu liegen die Bereiche zu nahe beieinander.

Aber Sie sollten Ihr Ehrenamt ja nicht aus bloßem Gewinnstreben machen, und eine Sache ist aus Erfahrung oft so zeitraubend und erfüllend, dass es schwierig ist, mit vollem Herzen der Diener zweier Herren bzw. der Erfüller zweier Aufgabenbereiche zu sein.

Voraussetzung für ein Ehrenamt wie auch den Übungsleiter ist es, dass die Ein-Drittel-Grenze beachtet wird. Nicht mehr als ein Drittel der Zeit, die für einen Fulltime-Job angedacht wäre, darf pro Jahr in diese Tätigkeit fließen. Die Freibeträge können natürlich nur angesetzt werden, wenn der gemeinnützige Charakter des Vereins oder der Gesellschaft deutlich und als solcher anerkannt ist. Ein Zweckverband mit Geschäftsbetrieb, wie der ADAC als oft zitiertes Beispiel, erfüllt diese Voraussetzung nicht.

Die Arbeit im Ehrenamt oder als Übungsleiter kann als Angestellter, als Minijobber oder auch als Selbstständiger erfolgen. Bei einem Minijob kann beispielsweise der Steuerfreibetrag mit der pauschalierten Besteuerung kombiniert werden, und es ergibt sich ein noch größerer Spielraum für eine steuerfreie Vergütung.

Ein fitter Rentner, der viele Fähigkeiten und Kontakte hat, kann den Übungsleiter mit dem Ehrenamt und einem Minijob kombinieren. Das macht 3000 Euro plus 840 Euro plus 6456 Euro, also insgesamt 10 296 Euro steuerfreien Hinzuverdienst. Mit dem Werbungskostenpauschbetrag ist diese Summe sogar um weitere 1000 Euro aufstockbar.

Das Ehrenamt

Anspruch auf den Ehrenamtsfreibetrag hat nur, wer für eine öffentlich-rechtliche oder eine gemeinnützige Körperschaft arbeitet und dafür bezahlt wird. Unter die öffentlich-rechtliche Gruppe fallen unter anderem Universitäten, Fachhochschulen,

Schulen und Volkshochschulen. Bei einer gemeinnützigen Körperschaft ist beispielsweise ein Sportverein oder ein Sportverband gemeint. Das Ehrenamt muss einen gemeinnützigen und mildtätigen oder kirchlichen Zweck erfüllen. Mitarbeit bei der Tafel, der Sterbehilfe, in der Altenhilfe, beim Naturschutz, in der Denkmalpflege, für eine gemeinnützige Stiftung oder die Feuerwehr und das Technische Hilfswerk sind Beispiele hierfür.

Die Möglichkeiten sind sehr vielfältig. In größeren Städten finden auch regelmäßig »Tage des Ehrenamts« statt. Geförderte Unternehmungen präsentieren sich dort, und der Kontakt kann einfach hergestellt werden. Der Bund hat für das Ehrenamt eine Internetseite eingerichtet: https://ehrenamt.bund.de. Dort sind weitere Ehrenamt-Portale verlinkt.

Der Übungsleiter

Es bietet sich an, als Rentner noch einen Job anzunehmen, um als Ausbilder, Lehrer, Volkshochschuldozent, Pfleger, Gruppenleiter oder Künstler tätig zu sein. Mit der Übungsleiterpauschale sind bis 3000 steuerfreie Euro möglich. Eine gute Gelegenheit, um die Rente aufzubessern.

Begünstigte Tätigkeiten als Übungsleiter sind beispielsweise Sporttrainer, die Leitung eines Chors oder eines Orchesters, Vorträge und Lehrveranstaltungen in Bildungsinstituten an der Universität, der Volkshochschule und anderen Schulen. Denkbar sind auch eine psychosoziale Beratung, eine Mütterberatung oder ganz handfest ein Erste-Hilfe-Kurs oder der Schwimmunterricht sowie andere Kurse zur beruflichen Ausbildung und Fortbildung. Wie auch beim Ehrenamt muss dies im Dienst einer öffentlich-rechtlichen oder gemeinnützigen Körperschaft geschehen – mit dem Ziel der Förderung gemeinnütziger, mildtätiger oder kirchlicher Zwecke.

Aus steuerlicher Sicht: Ehrenamt und Übungsleiter

Erfolgt die Tätigkeit auf selbstständiger Basis, so ist eine Einnahmen-Überschuss-Tabelle nur nötig, wenn aus dieser Tätigkeit mehr als 840 Euro oder beim Übungsleiter 3000 Euro Überschuss generiert werden. Eine Steuererklärung ist auch nötig, wenn Betriebsausgaben geltend gemacht werden.

Ähnlich ist es bei Einnahmen als Arbeitnehmer. Sie tragen die steuerfreien 840 Euro oder 3000 Euro beim Übungsleiter und bei einem diese Pauschale übersteigenden Betrag als Arbeitslohn in der Steuererklärung ein. Aufwendungen, die mit diesem Job in Zusammenhang stehen, können Sie dagegenrechnen. Übersteigen diese die steuerfreien Einnahmen, können Sie einen Verlust geltend machen. Dieser wird mit anderen positiven Einkünften verrechnet, und Sie müssen weniger Steuern zahlen. Zumindest ist das theoretisch so. Für ein steuerliches Verlustgeschäft, das in Zusammenhang mit diesen steuerfreien Pauschalen entsteht, gab es durchaus schon Widersprüche beim Finanzamt.

Eine andere Art der Bezahlung und steuerlichen Verrechnung ist es, wenn Sie auf die Entschädigung als Übungsleiter oder die Dienste im Ehrenamt verzichten und das Geld spenden. War eine Vergütung klar vertraglich geregelt, so kann für eine jährliche Verzichtserklärung eine anerkannte Spendenquittung ausgestellt werden.

Freigrenze als Übungsleiter hat Auswirkungen auf Betreuerpauschale

Ein Übungsleiter, der gleichzeitig als ehrenamtlicher Betreuer, als Vormund für minderjährige Kinder oder als Pfleger, der eine Pflegschaft für ein minderjähriges Kind oder einen Erwachsenen übernommen hat, tätig ist, muss die Freigrenze von 3000 für die Summe der Einnahmen beachten. Betreuer bekommen je Fall normalerweise eine steuerfreie Jahrespauschale von 399 Euro. Ist aber der Freibetrag der Übungsleiterpauschale zusammen mit der pauschalen Aufwandsentschädigung als Betreuer von jährlich 3000 Euro ausgeschöpft, darf derjenige für seine die 3000 Euro übersteigenden Aufwendungen als Betreuer nur 25 % der Pauschale als Werbungskosten abziehen und muss den Rest als sonstige Einkünfte versteuern.

Rechnungsbeispiel

Honorar als Orchesterleiter	3000,00 Euro
3000 Euro Freibetrag für Übungsleiter anrechnen	
Einnahmen aus einer Pflegschaft	399,00 Euro
Einnahme aus einer Betreuung	399,00 Euro
Rest Freibetrag Übungsleiter	0 Euro
Summe der Pauschalen Betreuer/Pfleger	798,00 Euro
Werbungskostenpauschale 25 %	199,50 Euro
Zu versteuern unter sonstige Einnahmen	598,50 Euro

Härteausgleich

Einkünfte neben Ihrer Rente, die eine Steuerfreigrenze von 410 Euro übersteigen, müssen versteuert werden. Sind die Einnahmen aus einer selbstständigen Tätigkeit, einem Veräußerungsgeschäft oder aus einer Mieteinnahme aber nicht höher als 820 Euro, wird die Besteuerung durch den sogenannten Härteausgleich abgemildert. Die Differenz von 820 Euro minus der erzielten Einkünfte wird von den Einkünften abgezogen. Nur dieser reduzierte Betrag muss dann besteuert werden. Das Finanzamt berücksichtigt den Härteausgleich in der Regel automatisch.

Beispiel für den Härteausgleich
Sie sind Rentner und reparieren Elektrogeräte oder halten gelegentlich nebenberuflich Festreden auf Hochzeiten und vollziehen eine außerkirchliche Zeremonie. Sie haben im Jahr damit 600 Euro verdient. Der Betrag ist höher als 410 Euro, aber weniger als 820 Euro. Der Härteausgleich kommt zur Anwendung.
820 Euro minus 600 Euro = 220 Euro
Die 220 Euro werden von den Einkünften über 600 Euro abgezogen.
Es muss nur ein Betrag von 380 Euro versteuert werden.

Nebenjob: Händler bei eBay®

Wer Dinge kauft und mit Gewinn auf Onlineplattformen oder im stationären Geschäft wieder verkauft, der ist ein sogenannter Händler mit Gewinnabsicht.

Wird der Kicker ausrangiert oder das alte Kaffeegeschirr der Oma zusammen mit dem ausgelesenen Buch verkauft, so ist das ein gelegentliches Geschäft privater Natur und steuerfrei.

Wer regelmäßig Dinge verkauft, dem unterstellt das Finanzamt eine Gewinnerzielungsabsicht. Die Finanzbeamten durchkämmen mit einer Software die Angebote, und auch mehrere Angebotsnamen könnten so auffallen.

Steuerlich unauffällig ist auch weiter das gelegentliche Bargeschäft auf dem örtlichen Flohmarkt, solange keine Rechnung dafür ausgestellt werden muss. Man lernt Menschen kennen und ist an der frischen Luft!

- Bei Kauf und Verkauf in einem Jahr ist ein Gewinn bis 599 Euro steuerfrei und über 599 Euro in jedem Fall steuerpflichtig. Dieser Spekulationsgewinn muss aber als voller Betrag versteuert werden, wenn es 600 Euro sind. Die 600 Euro sind kein Freibetrag.

- Wird ein Artikel mehr als einmal verkauft, so kann das für das Finanzamt auf eine gewerbsmäßige Absicht hindeuten.

- Wer einen Umsatz von mehr als 17 500 Euro generiert, ist umsatzsteuerpflichtig und muss dem Finanzamt quartalsmäßig oder monatlich die Umsatzsteuer ausweisen und abführen. Wer weniger als 17 500 Umsatz macht, gilt als Kleinunternehmer und ist umsatzsteuerfrei, kann aber trotzdem auf Umsatzsteuer optieren. Gewinne sind in dieser Dimension immer anzugeben, beispielsweise durch eine Überschussrechnung.

- Wer ein Gewerbe betreibt, muss dieses anmelden und bei Gewinnen von mehr als 24 500 Euro Gewerbesteuer bezahlen.

- Für Ruheständler sind unternehmerische Gewinne bis zu einem Betrag von 410 Euro steuerfrei, und bis 800 Euro greift die Härtefallregelung wie auf Seite 117 beschrieben.

Steuerfreie Leistungen

Ja, es gibt besondere Einnahmen gerade für Ruheständler, die keine Steuerpflicht nach sich ziehen: private Verkäufe bei eBay®, gelegentliche Musik mit der Rentner-band oder der jährliche Flohmarkt.

Das sind auch Versicherungsleistungen oder gesamtgesellschaftliche Zahlungen der Rentenkasse, die über diese Institution abgewickelt werden.

Die Deutsche Rentenversicherung ist ja nicht nur für die Rente zuständig, sondern hat sehr viel mehr Aufgaben. So werden bei einer Arbeitsunfähigkeit Rehamaßnahmen bezahlt und Sachleistungen gewährt. Wenn in Schlagzeilen über den wachsenden Bundeszuschuss berichtet wird, so wird selten zwischen der tatsächlichen Rentenzah-lung oder dem Krankenkassenzuschuss und den Versicherungsleistungen differenziert. »100 Milliarden für die Rente« klingt natürlich monströser, als »40 Milliarden für die Rente« und die weiteren Ausgaben aufgeschlüsselt. Die Rentenversicherung erbringt sehr viele Sozialleistungen in diesem Land, und bisweilen wird das von den Beiträgen der Versicherten finanziert, obwohl dies Ausgaben sind, die der gesamten Gesellschaft zugutekommen. Wer rentenversichert ist, ist auch über eine Erwerbsminderungsrente, die natürlich zu versteuern ist, bei einer Berufsunfähigkeit versichert.

Für einige andere Umstände ist es wichtig, die Bedingungen zu kennen, damit diese zur Anwendung kommen können und Erlöse steuerfrei bleiben.

Unternehmerische Gewinne

Einkünfte neben der Rente bis 410 Euro sind steuerfrei, und für Einnahmen bis 800 Euro kommt der Härteausgleich zur Anwendung (siehe Seite 117).

eBay®-Verkäufe

Gelegentliche Verkäufe von Dingen des täglichen Gebrauchs, ausrangierte Gegen-stände, Spielzeug der Kinder und andere Sachen, die schon länger im Besitz sind, beispielsweise aus der persönlichen Haushaltsauflösung oder einem Erbe sind immer steuerfrei. Auch ein Fehlkauf könnte so einen neuen glücklichen Besitzer finden. Es fehlt die generelle Gewinnerzielungsabsicht. Auch Flohmärkte sind eine Gelegenheit, um Dinge zu Geld zu machen.

Wer ankauft und schnell weiterverkauft und das häufig macht und vielleicht sogar den gleichen Rucksack zehnmal im Angebot hat, muss sich nicht wundern, wenn das Finanzamt aufmerksam wird. Der Übergang zum gewerblichen Handel ist fließend.

Pflege- und Unfallversicherung

Versicherungsleistungen der gesetzlichen Unfallversicherung der Berufsgenossenschaft sind steuerfrei. Bei einer privaten Unfallversicherung ist die Steuerfreiheit dann gegeben, wenn es sich um Schmerzensgeld oder eine Invaliditätszahlung handelt, die als Schadensersatz eine körperliche Beeinträchtigung ausgleicht. Eine Unfallrente kann je nach Dauer der Zahlung mit dem Ertragsanteil besteuert werden.

Leistungen aus der Pflegeversicherung, die aus Geldzahlung oder aus Sachleistungen bestehen, sind steuerfrei. Ausgaben, die durch Leistungen der Pflegeversicherung nicht abgedeckt sind, können, wenn diese die zumutbare Grenze übersteigen, zusätzlich als außergewöhnliche Belastungen angesetzt werden.

Gesetzliche Rentenversicherung

Die gesetzliche Rentenversicherung bietet viele soziale Programme und Unterstützungsleistungen. Steuerfrei sind Auszahlungen für Flüchtlinge im Rentenalter nach dem Flüchtlingshilfegesetz. Der Kostenzuschuss für die gesetzliche oder private Krankenversicherung bleibt steuerlich unberücksichtigt. Dementsprechend können dann auch nur die privat gezahlten Beiträge zur Krankenversicherung bei der Steuererklärung steuermindernd angesetzt werden.

Altersteilzeit und früher in die Rente

Mit der Altersteilzeitregelung können Beschäftigte ab einem gewissen Alter bis zur Rente die Arbeitszeit um die Hälfte reduzieren, wenn der Arbeitgeber mitmacht. Um die Abschläge bei der Rente gering zu halten, übernimmt der Arbeitgeber einen zusätzlichen Teil der Rentenbeiträge und stockt das Gehalt zum Teil auf. Das soll einen gleitenden Übergang in die Rentenzeit erleichtern, und der Arbeitgeber kann Personal und Arbeitsstunden abbauen.

Der Arbeitnehmer kann entweder nur noch halbtags arbeiten, oder er arbeitet im Blockmodell voll weiter, aber nur die Hälfte der vereinbarten Restzeit bis zur Rente – er arbeitet also von den vereinbarten drei Jahren nur noch 1,5 Jahre und geht dann in Rente.

Ob dies auch Renteneinbußen bedeutet, hängt davon ab, wie viel Geld der Arbeitgeber als Ausgleich bezahlt. Die übliche Regelung ist, dass das Gehalt um die Hälfte gekürzt wird und der Arbeitgeber um 20 Prozent des Regelarbeitsentgeltes aufstockt. Dies bedeutet eine spätere Rentenreduzierung. Ein Vorteil für die Arbeitnehmer ist es, dass auf den Arbeitgeber-Aufstockungsbetrag keine Steuern oder Sozialabgaben gezahlt werden. Allerdings unterliegt er dem Progressionsvorbehalt, wirkt sich also auf den Steuersatz aus.

Der Betrag wird zwar nicht versteuert, aber fiktiv den Einkünften dazugezählt. Der höhere Betrag ergibt einen höheren Steuersatz. Dieser Steuersatz wird dann auf die Einkünfte ohne den Aufstockungsbetrag angesetzt.

Der Arbeitgeber muss den Aufstockungsbetrag maximal sechs Jahre bezahlen. Schon mit dem Aufstockungsbetrag wird die Rente geschmälert, ohne diese Förderung macht also ein vorzeitiger Rentenbeginn über mehr als diese sechs Jahre hinaus keinen Sinn.

Kapitalerträge

Von allen Zinserträgen, Dividenden und Kursgewinnen bei Aktienverkäufen behält die Bank direkt von der Quelle 25 %, bei einer Kirchenmitgliedschaft zuzüglich auch die Kirchensteuer, ein und führt diese direkt an das Finanzamt ab. Die Solidaritätsabgabe wurde 2021 für Normalverdiener angeschafft. Dieser Mechanismus ist nur insoweit eingeschränkt, wenn Sie einen Freistellungsauftrag bis 1000 Euro bei Alleinstehenden und 2000 Euro bei gemeinsam veranlagten Ehepaaren bei Ihrer Bank hinterlegt haben. Dann werden erst jenseits dieser Grenze die Kapitalerträge, bzw. davon 25 % plus Zulagen, an das Finanzamt abgeführt. Die Banken und Finanzinstitute versenden Steuerbescheinigungen, die alle gezahlten und einbehaltenen Kapitalerträge aufführen. Auch eine Ausfüllhilfe der Formulare für das Finanzamt sind beigefügt.

Die Steuerpflicht ist erledigt, und es ist nichts mehr zu tun. Einige Situationen gibt es aber dennoch, wo es sich als Rentner und Steuerbürger lohnt, die Anlage KAP für Kapitalerträge auszufüllen und der Steuererklärung beizufügen:

- Sie haben Geld bei einer Bank im Ausland angelegt, das keine Besteuerung an der Quelle vornimmt. Diese Ertragsmitteilungen müssen dem Finanzamt in der Steuererklärung hinzugefügt werden. Kontrollmitteilungen gibt es heute bei den meisten Banken.
  Gezahlte ausländische Steuern aus Kapitalerträgen werden von der festgesetzten Einkommensteuer in Abzug gebracht.

- Ihr persönlicher Spitzensteuersatz ist geringer als 25 %. Dann ist es günstiger, die Kapitalerträge mit Ihrem Steuersatz zu versteuern. Dies wird in der Steuertabelle für das Jahr 2024 bei einem zu versteuernden Einkommen von knapp 20 000 Euro für Alleinstehende und bei 40 000 Euro in der Splittingtabelle für Ehepaare erreicht. In der Steuererklärung können Sie in der Anlage KAP die Günstigerprüfung selbst beantragen. Kapitalerträge werden nach der Prüfung der Einkommensteuer, falls dies günstiger ist, dem individuellen Steuersatz unterworfen.

➲ Es sind unsichere Zeiten, und Sie haben Festgeld, Tagesgeld und Depot auf unterschiedliche Banken verteilt. Daher war es unmöglich, die Freistellungserklärungen abzugeben. Die Erträge sind also nicht gänzlich freigestellt, auch wenn der Ertrag unter 1000 bzw. bei Verheirateten unter 2000 Euro liegt. Das Finanzamt rechnet die Kapitalerträge zusammen und setzt dazu die Günstigerprüfung an, um zu sehen, ob es besser ist, mit dem persönlichen Steuersatz diese Einkünfte zu versteuern oder pauschal als Abschlag mit 25 %.
Eine Kontrolle der Freistellungsbescheide im Vergleich zu den Bankinformationen ist in jedem Fall sinnvoll.

➲ Pensionäre, die 65 Jahre alt geworden sind, sollten auch überprüfen, ob der Altersentlastungbetrag für Einkünfte neben der Rente hier zu ersten Mal berücksichtigt und auch in den Folgejahren angesetzt wurde. Und wenn Sie schon dabei sind: Falls Sie nicht in der Kirche sind, prüfen Sie, ob Kirchensteuer angesetzt wurde.
Banken und andere Finanzinstitute fragen den Religionsstatus beim Bundeszentralamt für Steuern ab. Dies geschieht einmal jährlich im Herbst und gilt dann für das darauffolgende Steuerjahr.

✪ *Tipp: Kirchenaustritt. Wer im Dezember aus der Kirche austritt, ist ab dem 1. Januar im kommenden Jahr von der Kirchensteuer befreit. Wer im Januar und auch analog zu den weiteren Monaten austritt, muss auf alle Jahreseinkünfte anteilig nach den Monaten der Kirchenmitgliedschaft Kirchensteuer zahlen. Den zusätzlichen »Reuemonat« gibt es nicht mehr.*

Beispiel
Ihr Kirchenaustritt erfolgt am 10. Januar, das bedeutet ein Ende der Kirchensteuerpflicht am 31. Januar.
Für die Kirchensteuer werden alle Einkünfte des Jahres aufsummiert und von diesem errechneten Jahresbetrag wird ein Zwölftel als Kirchensteuer abgeführt.

Nichtveranlagungsbescheinigung

Die einen sorgen für den Ruhestand mit einer Rentenvorsorge, andere haben eine vermietete Immobilie, und wiederum andere haben sich ein Barvermögen aufgebaut, das auf sichere Anlagen und solide Wertpapierfonds baut. Mit so niedrigen Zinsen über einen so langen Zeitraum hat allerdings keiner gerechnet.

Ihre Situation besagt, dass Sie konstante monatliche Einnahmen unterhalb des Grundfreibetrags und eventueller Freibeträge und Pauschalen haben. Ihre Kapitalerträge liegen aber über der Freigrenze von 1000 Euro. Sie müssen deshalb jedes Jahr eine Steuererklärung erledigen, um die zu viel bezahlte Kapitalertragssteuer zurückzubekommen. Denn Kapitalerträge über 1000 Euro werden pauschal mit 25 % besteuert, unabhängig davon, ob Sie überhaupt steuerpflichtig sind.

Mit einer Nichtveranlagungsbescheinigung des Finanzamtes, die diese bei Berechtigung und auf Antrag ausstellt, können Sie diese Bescheinigung bei Ihrer Bank hinterlegen, und Sie bekommen für drei Jahre Ihre Zinserträge sofort und ohne Abschlag ausbezahlt. Nach drei Jahren müssen Sie einen neuen Antrag stellen, wenn die Voraussetzungen dafür noch gegeben sind.

Zeile				Eingangsstempel
1	An das Finanzamt			
	Antrag auf Ausstellung einer Nichtveranlagungs- (NV-) Bescheinigung (§ 44a Abs. 2 Satz 1 Nr. 2 EStG)			
	Dieser Antrag ist nur erforderlich, wenn Ihre steuerpflichtigen Kapitalerträge 1.000 € (bei Ehegatten/Lebenspartnern 2.000 €) jährlich übersteigen. Ansonsten reicht ein **Freistellungsauftrag** an Ihr Kreditinstitut aus. Eine Bescheinigung wird nicht erteilt in Fällen des Verlustabzugs.			
2	Die NV-Bescheinigung soll erstmals für das Jahr 20 gelten.			
	Allgemeine Angaben ①			
	Antragstellende Person, Ehemann oder Person A (Ehepartner/-in A / Lebenspartner/-in A nach dem LPartG) ②			
3	Identifikationsnummer (IdNr.)			
4	Name		Geburtsdatum	
5	Vorname		Ausgeübter Beruf	
6	Straße, Hausnummer		Telefonische Rückfragen tagsüber unter Nr.	
7	Postleitzahl	Wohnort		
8	Verheiratet / Lebenspartnerschaft begründet seit dem	Verwitwet seit dem	Geschieden / Lebenspartnerschaft aufgehoben seit dem	Dauernd getrennt lebend seit dem
	Ehefrau oder Person B (Ehepartner/-in B / Lebenspartner/-in B nach dem LPartG)			
9	IdNr.			
10	Name		Geburtsdatum	
11	Vorname		Ausgeübter Beruf	

Vermietung und Verpachtung

Regelmäßige Mieteinnahmen, die mit der Inflationsrate mitwachsen und sogar über-durchschnittlich am Vermögenszuwachs partizipieren, sind ein wichtiges Standbein für viele Rentner, um einer Rentenlücke entgegenzuwirken. Wer die gegenwärtige Situation betrachtet, muss zugeben, dass diese Strategie aufgegangen ist. Wir haben eine hohe Staatsverschuldung in fast allen Staaten der Welt, die Zinsen sind in vielen Staaten sehr niedrig, die Verbraucherpreise sind für die Industriestaaten günstig, die Aktienkurse, angetrieben durch billiges Geld, sind sehr hoch, und die Immobilien-preise in den Ballungsgebieten werden als Mondpreise empfunden. Für industriell hergestellte Verbrauchsgüter haben wir moderat steigende Preise – ausgenommen für Mieten, aber Vermögenswerte sind exorbitant angestiegen. Mieten basieren auf Vermögenswerten und sind deshalb eine Ausnahme bei den Verbrauchspreisen. Würden die Mieten in einem realistischen Anteil bei der Berechnung der Inflations-werte einfließen, wäre dieser Wert entschieden höher.

Wer seine Rentenzeit vorausschauend plant, muss die eigene selbstbewohnte Immobilie in den Mittelpunkt stellen, und es ist ein richtiger Schritt, auch an ein zu vermietendes Objekt zu denken, als Ergänzung zur Rente. Da ist das Geld gut geparkt. Voraussetzung sind natürlich Löhne, die dies ermöglichen – oder eine Erbschaft. Zu beachten ist, dass eine Immobilie natürlich Unterhaltskosten mit sich bringt.

Wohneigentum – Baustein zur Altersvorsorge

So gut diese Form der Anlage durch den Immobilienboom ist, finanz- und steuer-technisch ist das nicht ohne. Der Gesetzgeber denkt sich jährlich neue Vorschriften aus, die man kennen sollte. Man muss also am Ball bleiben oder doch besser profes-sionelle Hilfe für diesen Teil der Steuererklärung engagieren.

Einen Steuerfreibetrag oder die Werbekostenpauschale gibt es bei Einnahmen aus Vermietung nicht. Alle Werbungskosten müssen nachgewiesen werden.

Es können alle Ausgaben für die Finanzierung und die jährlichen Zinsen sowie die Abschreibung für die Immobilie den Einnahmen aus der Vermietung gegenübergestellt werden. Kommen noch Ausgaben für die Instandhaltung und Renovierung dazu, ergeben sich auch Verluste, die auf Ihre sonstigen Einnahmen, also Ihre Rente, gegengerechnet werden können und Ihre Steuern reduzieren. Eine Renovierung erhöht natürlich den Wert der Immobilie, den Sie nach der zehnjährigen Steuerfrist bei einem Verkauf steuerfrei bekommen können, wenn Sie wollen.

Langfristig soll das Objekt ja Ihre Rente aufstocken, auch wenn Sie die Gewinne aus der Vermietung versteuern müssen.

Soziale Vermieter

Billiger vermieten, eventuell noch mit Zeitverträgen und einem langfristigen Verlust als Ergebnis, da wird das Finanzamt misstrauisch. Wer regulär, langfristig und ortstypisch vermietet, wird aber auch Verluste, die durch einen Umbau und eine Renovierung entstehen, ohne Rückfragen des Finanzamtes steuerlich geltend machen können.

Der häufigste Problemfall ist die Vermietung an Angehörige zu sehr moderaten Beträgen. Dazu gibt es klare Regeln. Die Bedingungen der Vermietung an nahestehende Personen muss so abgewickelt werden, als wenn es sich um neutrale und fremde Personen handeln würde.

Bei einem Mietzins bis zwei Drittel (seit 2021 gilt die Hälfte) der ortsüblichen Warmmiete ist alles noch in Ordnung, und es können alle Werbungskosten abgerechnet werden. Ist es weniger Miete, dann wird das Finanzamt die angesetzten Werbungskosten prozentual anteilig mindern. Wer knapp am untersten Limit vermietet, der muss aufpassen, falls der Mietspiegel in einem kommenden Jahr höhere Mieten ausweist, das auch er die Miete entsprechend anhebt, sonst bezahlt er für seine Mildtätigkeit. Soziale Vermieter sind beim Finanzamt nicht beliebt.

Das Finanzamt erkennt die vollen Werbungskosten bei einer reduzierten Miete im Vergleich zur ortsüblichen Miete allerdings nur an, wenn eine Prognoserechnung nach mindestens 30 Jahren einen Gewinn ausweist.

Ferienhaus – das Finanzamt zahlt mit

Eine ebenfalls eher unglückliche Variante ist es, sich ein Ferienhäuschen in idyllischer Landschaft zu kaufen und das Finanzamt, begründet durch gelegentliche Vermietungen an Bekannte, an den Kosten zu beteiligen.

Liegt die Vermietungsfrequenz 25 % unter dem Ortsdurchschnitt, den das Finanzamt ja sehr genau kennt, und es entsteht ein Verlust, so wird das Finanzamt aus dem Geschäft aussteigen und die Ausgaben nicht mehr mittragen.

In einer Prognose müssen Sie über einen Zeitraum von 30 Jahren darlegen, wie Sie unter dem Schnitt einen Überschuss der Mieteinnahmen erzielen wollen – nach Abrechnung der Werbungskosten. Der Rat eines Steuerberaters ist hier angebracht.

> ✪ **Tipp:** *Ist es aber so, dass Sie trotz aller Anstrengungen und nachvollziehbarer Bemühungen keinen Gewinn erzielen können, weil es einfach ein Überangebot gibt, die Vermietungspreise allgemein gesunken sind oder andere Gründe vorliegen, können Sie als Vermieter eine Senkung der Grundsteuer beantragen. Möglich sind 25 % bei 50 % Geschäftseinbruch und Ertragsminderung und maximal 50 %, wenn Sie gar kein Geschäft mehr gemacht haben.*

Zahid Hasan, pixabay.com

Private Veräußerungsgeschäfte

Es gibt zu diesem Thema immer wieder Unsicherheit. Wenn ich etwas aus meinem Eigentum verkaufe, ist das dann steuerpflichtig? Dazu, wenn der Käufer auch noch eine Quittung möchte, wie beispielsweise für das gebrauchte Fahrrad. Er will sich ja zweifelsfrei als Besitzer und Eigentümer ausweisen, und Fahrräder sind schon auch mal Hehlerware.

Ganz klar: Nicht betroffen von einer Steuerpflicht sind gelegentliche Privatverkäufe von gebrauchten Gegenständen ohne gewerbsmäßige Gewinnerzielungsabsicht. Das in die Jahre gekommene Privatfahrzeug oder das gebrauchte Rad, das durch ein neues ersetzt wird, und die Eisenbahn der Kinder, die längst auf die Uni gehen, sind ein steuerfreier Privatverkauf. Der restaurierte Oldtimer ist allerdings ein Sammlerstück, und in der einjährigen Spekulationsfrist ist der Gewinn steuerpflichtig.

Das Kaufen und Weiterverkaufen von sogenannten anderen Wirtschaftsgütern ist dagegen nur dann steuerfrei, wenn die Spekulationsfrist von mindestens einem Jahr eingehalten wird. Wird der Gewinn in weniger als zwölf Monaten realisiert, muss der Gewinn versteuert werden, sobald dieser 599 Euro übersteigt. Hat er einen Gewinn von 600 Euro, muss er die ganze Summe versteuern, denn die 599 Euro sind kein Freibetrag.

Unter diese Spekulationsfrist von einem Jahr fallen z. B. folgende »andere Wirtschaftsgüter«:

- Edelmetalle und Schmuck
- Fremd- und Kryptowährungen
- Antiquitäten und Kunstgegenstände
- Briefmarkensammlungen
- Münzsammlungen, wertvolle Bücher
- Oldtimer

Auch wer sich ein Stadionticket für ein Fußballspiel von Dortmund oder München gegen Real Madrid zum Endspiel der Champions League kauft und es mit Gewinn weiterverkauft, muss den Gewinn versteuern.

Wer kauft und innerhalb eines Jahres verkauft, eventuell mehrere gleichartige Artikel mit Gewinnabsicht, auch wenn tatsächlich gar kein Gewinn erzielt wird, muss sich mit dem Finanzamt auseinandersetzen. Das Entrümpeln des Kellers und der Verkauf von Gebrauchsgegenständen ist davon nicht betroffen.

Gewinne aus steuerpflichtigen Veräußerungsgeschäften können gegeneinander verrechnet und auch als Verlust in kommende Jahre vorgetragen werden – nicht aber mit anderen positiven Einkünften aus anderen Einkunftsarten wie beispielsweise der Rente.

Aktien und Wertpapiere

Keine Spekulationsfrist gibt es mehr für Aktien und Wertpapiere. Diese werden generell mit 25 % versteuert.

Immobilien

Eine zehnjährige Spekulationsfrist gilt für Immobilien und Grundstücke, aber auch für geschlossene Immobilienfonds oder ein Erbbaurecht. Die Uhr beginnt dabei, mit dem Datum des Kaufvertrages zu ticken. Eine Ausnahme ist gegeben, wenn Sie die Immobilie selbst genutzt haben, zumindest die letzten drei Jahre vor dem Verkauf. Dann können Sie den Gewinn beim Weiterverkauf steuerfrei einstreichen. Haben Sie eine Wohnung oder ein Haus unentgeltlich Angehörigen überlassen, so sind Sie ebenfalls von einer Spekulationsfrist befreit.

Ein Erbe tritt in die Laufzeit für die Spekulationsfrist ein. Hat der Erblasser die Wohnung schon acht Jahr besessen, so muss der Erbe nur noch zwei Jahre warten, um die Wohnung steuerfrei verkaufen zu können.

Vorsicht: Verkaufen Sie mehr als drei Immobilien innerhalb von fünf Jahren, so stuft Sie das Finanzamt als gewerblichen Immobilienhändler ein. Dann sind alle Gewinne zu versteuern.

Tod des Partners

Sie haben sich ein Leben versprochen, das durch den Tod beendet wird. Das Finanzamt wird den überlebenden Partner daran erinnern, dass das Leben weitergeht. Auch wenn der Schmerz groß ist, werden einige Aufgaben vom Hinterbliebenen verlangt. Es ist gut, sich Hilfe zu suchen.

Das Finanzamt verlangt auch nach dem Tod des Ehepartners eine Steuererklärung von der Witwe oder dem Witwer. Es ist also gut, wenn sich die Eheleute zu Lebzeiten über die Steuererklärung austauschen und die Finanzangelegenheiten nicht nur in der Hand des einen Partners liegt. Bei der Einreichung der gemeinsamen Steuererklärung wird statt der Unterschrift des Verstorbenen die Kopie der Sterbeurkunde beigefügt.

Verheiratete, die auch im Todesjahr noch zusammengelebt haben, versteuern sowohl im Todesjahr als auch im darauffolgenden Jahr nach der günstigeren Splittingtabelle. Auch alle Pauschalen und Vergünstigungen des verstorbenen Partners gelten im Todesjahr weiter. Egal ob das der Altersentlastungsbetrag ist oder der Sparerfreibetrag für Paare über 2000 Euro.

Die volle Rente des Ehepartners wird noch weitere drei Monate – das ist das sogenannte Sterbevierteljahr – ausbezahlt. Danach wird die Hinterbliebenenrente berechnet und je nach den Voraussetzungen als Große oder Kleine Hinterbliebenenrente ausbezahlt. Da dies eine Folgerente ist, bleibt der prozentuale Steuerfreibetrag erhalten.

Ist der Verstorbene 2005 in Rente gegangen und stirbt 2024, so gilt auch für die Hinterbliebenenrente der Freibetrag des Verstorbenen. In unserem Beispiel sind das 50 %, obwohl die Hinterbliebenenrente erstmals 2024 ausbezahlt wird und für dieses Jahr nur ein Freibetrag von 16 % gilt.

Dinge, die zu erledigen sind

Direkt nach dem Todesfall

- ➲ Bei einem Sterbefall zu Hause: Arzt rufen für die Ausstellung des Totenscheins
- ➲ Wer muss benachrichtigt werden? Liegt eine Benachrichtigungsliste vor?
- ➲ Benachrichtigungsliste erstellen oder ergänzen
- ➲ Den Ordner mit den persönlichen Dokumenten bereitlegen (Personalausweis, Geburtsurkunde, eventuell Familienbuch mit Heiratsurkunde)

Am Todestag oder am Tag nach dem Todesfall

- ➲ Wer ist der Bestatter vor Ort?
- ➲ Überführung des Toten veranlassen
- ➲ Meldung beim Standesamt und Sterbeurkunde beantragen
- ➲ Meldung bei der Kranken- und Rentenversicherung, beim Sozial- und Versorgungsamt
- ➲ Eventuell Meldung beim Arbeitgeber

In den kommenden Tagen

- ➲ Nachlassgericht informieren; ist ein Testament öffentlich hinterlegt?
- ➲ Privat aufbewahrtes Testament einreichen
- ➲ Lebens- und Sterbegeldversicherung informieren
- ➲ Meldung des Todesfalles bei Banken, Vereinen, Organisationen
- ➲ Kündigung von Verpflichtungen, Versicherungen, laufenden Zahlungen, Abonnements

Erben

Erben beginnt schon zu Lebzeiten. Wer sich als Paar oder als Familie nicht schon vorher Gedanken macht, könnte als Überlebender in der Partnerschaft eine unangenehme Überraschung erleben. Auch wenn es im täglichen Leben oft so aussieht: Das Eigentum gehört nicht zwingend beiden gemeinsam, sondern wenn es nicht anders in einem Ehevertrag geregelt ist, zu ungleichen Teilen jedem Einzelnen. Das Konto, das nur auf einen Namen läuft, das Haus, das im Grundbuch nur auf einen Partner eingetragen ist, das alles gehört auch nur dem einen, dessen Name oben draufsteht. Gerade verheiratete Paare sollten ihre Konten entweder gemeinsam führen oder aber dem jeweils anderen ein Vollmacht über den Tod hinaus erteilen. Ist der Partner tot, ist der Zugang zum Konto gesperrt, und ein amtlicher Erbschein, der das Konto wieder zugänglich macht, kann Monate dauern. Vollmachten muss man direkt bei der Bank erteilen. Einfache gegenseitige Vollmachten genügen hier nicht.

Ganz dramatisch kann das bei unverheirateten Paaren sein. Wenn der unverheiratete Lebenspartner nicht ausdrücklich in einem Testament begünstigt wird, geht dieser komplett leer aus. Dann erben die Kinder, Eltern oder Geschwister und deren Kinder.

Erben muss geregelt und darf nicht verschwiegen werden. Heiraten ist ein guter Anfang dafür. Aber selbst bei verheirateten Paaren, die kinderlos geblieben sind, erben die Eltern oder Geschwister mit. Juristen zitieren oft diesen Spruch: »Das Gut fließt wie das Blut.« Das ist nicht immer beabsichtigt. Deshalb sollte man die gesetzliche Erbfolge und die entsprechenden Erbquoten kennen, damit diese Situation eventuell im Vorfeld durch ein Testament korrigiert werden kann.

Weil es so wichtig ist, deshalb gleich vorneweg: Für ein gültiges Testament gibt es Formvorschriften. Werden diese nicht eingehalten, so ist das ganze Testament ungültig. Das komplette Testament muss handschriftlich verfasst werden, und jede Seite muss mit Ort und Datum unterschrieben werden. Das zeitlich jüngste formgerechte Testament ist das gültige Testament. Es sollte so hinterlegt werden, dass es auch gefunden wird.

Die Rücksprache mit einem Notar sichert ein hohes Maß an Rechtssicherheit.

Das eigenhändig geschriebene, gut leserliche Schriftstück auf weißem Papier mit eindeutiger Überschrift.

Der Verfasser und Erblasser ist eindeutig genannt. Die Absicht wird benannt.

Unabhängig vom Ort des Lebensmittelpunktes soll deutsches Erbrecht gelten.

Ein früheres Testament kann der Erblasser jederzeit ändern und widerrufen, wenn er keinen Erbvertrag oder ein gemeinsames bindendes Testament abgeschlossen hat.

Die Erben werden genau mit Namen und Geburtsdatum bestimmt.

Das Erbe wird klar aufgeteilt. Mit einer Teilungsanordnung können auch Sachwerte zugeteilt werden. Der unterschiedliche Wert wird dann in Geld ausgeglichen.

Sollte ein Erbe ausfallen, werden die Ersatzerben genannt. Fallen alle Ersatzerben aus, gilt die gesetzliche Erbfolge.

Konkret genannte Einzelwerte oder Gegenstände als Vermächtnis vermachen. Der Begünstigte wird nicht Erbe.

Ohne eine Unterschrift mit Ort und Datum ist das Testament nicht gültig.

Ergänzungen können dem Testament hinzugefügt werden. Diese müssen erneut mit Ort und Datum unterschrieben werden.

Der Erblasser kann benannten Personen Pflichten auftragen. Die Pflege eines Tieres, die Organisation der Bestattung u.a. Der Benannte kann dies ablehnen und das Erbe ausschlagen. Er verliert dann auch mögliche Begünstigungen durch das Testament.

Mein Testament

Ich, Hanna Sonnenschein, geboren am 18. 4. 1968, bin nicht verheiratet, habe die deutsche Staatsbürgerschaft und habe zwei Kinder und möchte im Fall meines Todes meinen Nachlass regeln.

Für mich als deutschem Staatsbürger wähle ich für die Wirksamkeit und Zulässigkeit meines Testaments sowie der Rechtsnachfolge nach meinem Tod deutsches Recht. Diese Rechtswahl für deutsches Recht gilt unabhängig davon, wo ich meinen letzten gewöhnlichen Aufenthalt und Wohnsitz habe.

Alle meine bisherigen Verfügungen des Todes wegen hebe ich hiermit in vollem Umfang auf.

Zu meinen Erben bestimme ich je zur Hälfte meine beiden Kinder Otto Sonnenschein, geboren am 12. 1. 1995, und Anna Sonnenschein, geboren am 20. 6. 1997. Ersatzerben meiner Kinder sollen deren Abkömmlinge sein. Sollte eines meiner beiden Kinder verstorben sein, ohne eigene Abkömmlinge zu hinterlassen, so erbt das andere Kind bzw. dessen Abkömmlinge meinen gesamten Nachlass.

Meinem Bruder Felix Sonnenschein, geboren am 10. 3. 1966, vermache ich meine Vespa ET4, Baujahr 2000.

Mein Bruder, Felix Sonnenschein, ist verpflichtet, meinen Papagei Ronnie ohne weiteren finanziellen Ausgleich zu versorgen.

Augsburg, den 10. 1. 2019
Hanna Sonnenschein

Mein Sohn, Otto Sonnenschein, ist verpflichtet, sich um meinen digitalen Nachlass zu kümmern. Die nötigen Zugangsberechtigungen, Kennwörter und Vollmachten auf seinen Namen sind im Notfallordner hinterlegt.

Augsburg, den 19. 2. 2019
Hanna Sonnenschein

Die gesetzlichen Erben

Ohne Testament gilt die gesetzliche Erbfolge. Der Gesetzgeber teilt Erbberechtigte in Ordnungen ein, die in dieser Reihenfolge und nach unterschiedlichen Vermögens- quoten erbberechtigt sind. Nicht alle Erben sind also in gleicher Weise erbberechtigt. Der Ehepartner hat dabei eine Sonderstellung. Wenn es gesetzliche Erben gibt – das sind die Erben in der 1. Ordnung, also Kinder, Kindeskinder, und einen Ehepartner und bei kinderlosen Paaren auch die Eltern des Erblassers –, so haben diese Anspruch auf einen Pflichtteil. Der ist die Hälfte dessen, was demjenigen nach dem Gesetz zuste- hen würde. Pflichtteilsberechtigte können nicht vom Erbe ausgeschlossen werden. Folgende Ordnungen gibt es:

- ❐ Erben 1. Ordnung sind die Kinder des Erblassers, uneheliche Kinder, Adoptivkin- der und deren Kinder, also die Enkel und Urenkel.
- ❐ Erben 2. Ordnung sind die Eltern des Erblassers sowie die Geschwister und deren Nachkommen.
- ❐ Erben 3. Ordnung sind die Großeltern des Erblassers und deren Nachkommen, also die Geschwister der Eltern (Onkel und Tanten) sowie deren Nachkommen (Cousin, Cousine).
- ❐ Erben 4. Ordnung sind die Urgroßeltern des Erblassers und deren Abkömmlinge.

Innerhalb der Verwandtschaftsordnungen wird nach sogenannten einzelnen Stäm- men aufgeteilt. Jedes Kind in der 1. Ordnung bildet auch einen Stamm, und jeder Stamm erbt zu gleichen Teilen.

Beispiel
Ein erbberechtigtes Kind in der 1. Ordnung ist bereits tot. Es hat zwei Kinder, die statt seiner nun erbberechtigt sind und sich das Erbe des einen Kindes aus der 1. Ordnung teilen. Hätte dieses Kind drei Kinder, würden sich die drei Kinder dieses Stammes das Erbe teilen. Es gilt auch hier, dass der näher verwandte Abkömmling aus dem Stamm den entfernteren aus der gesetzlichen Erbfolge ausschließt.

Zur Erbfolge innerhalb dieser Ordnungen gibt es folgende Grundregeln:

Grundregel I

Gibt es einen Erben in der 1. Ordnung, so kann ein möglicher Erbe aus der 2. Ordnung nicht mehr erben. Gibt es keinen Erben in der 1. und 2. Ordnung, dann erben die Erben aus der 3. Ordnung.

Ein Erbe in der höheren Ordnung schließt also einen Erben im nächsten Rang aus.

Beispiel

Der Erblasser ist nicht verheiratet und hat einen einzigen Sohn. Dann erbt dieser alles. Seine Eltern (2. Ordnung) erben nichts, da es einen Erben in der 1. Ordnung gibt. Wäre der Sohn bereits verstorben, dann würden sich die Enkelkinder des Erblassers aus der 1. Ordnung vor den Eltern (Erben 2. Ordnung) zu gleichen Teilen das Erbe aufteilen.

Grundregel II

Innerhalb einer Ordnung erben die jeweils nächsten Verwandten. Nachfolgende gehen leer aus.

Beispiel

Der Erblasser ist nicht verheiratet und hat keine Kinder. Es gibt also keinen Erbberechtigten in der 1. Ordnung. Seine Eltern sind die nächsten Verwandten aus der 2. Ordnung. Sie erben dann alles, seine Geschwister nichts.

In einem zweiten Fall hat der Erblasser keine Frau und keine Kinder, und seine Eltern sind tot. Er hat aber eine Schwester, die zwar tot ist, aber zwei Kinder hat. Seine Schwester wäre die nächste Verwandte der 2. Ordnung, da sie aber nicht mehr lebt, treten die Nichten und Neffen erbberechtigt als die nächsten Verwandten in der 2. Ordnung an ihre Stelle.

Grundregel III

Ist nur ein Verwandter aus der übergeordneten Ordnung noch am Leben, so schließt dieser alle möglichen Erben einer nachfolgenden ferneren verwandtschaftlich Ordnung aus.

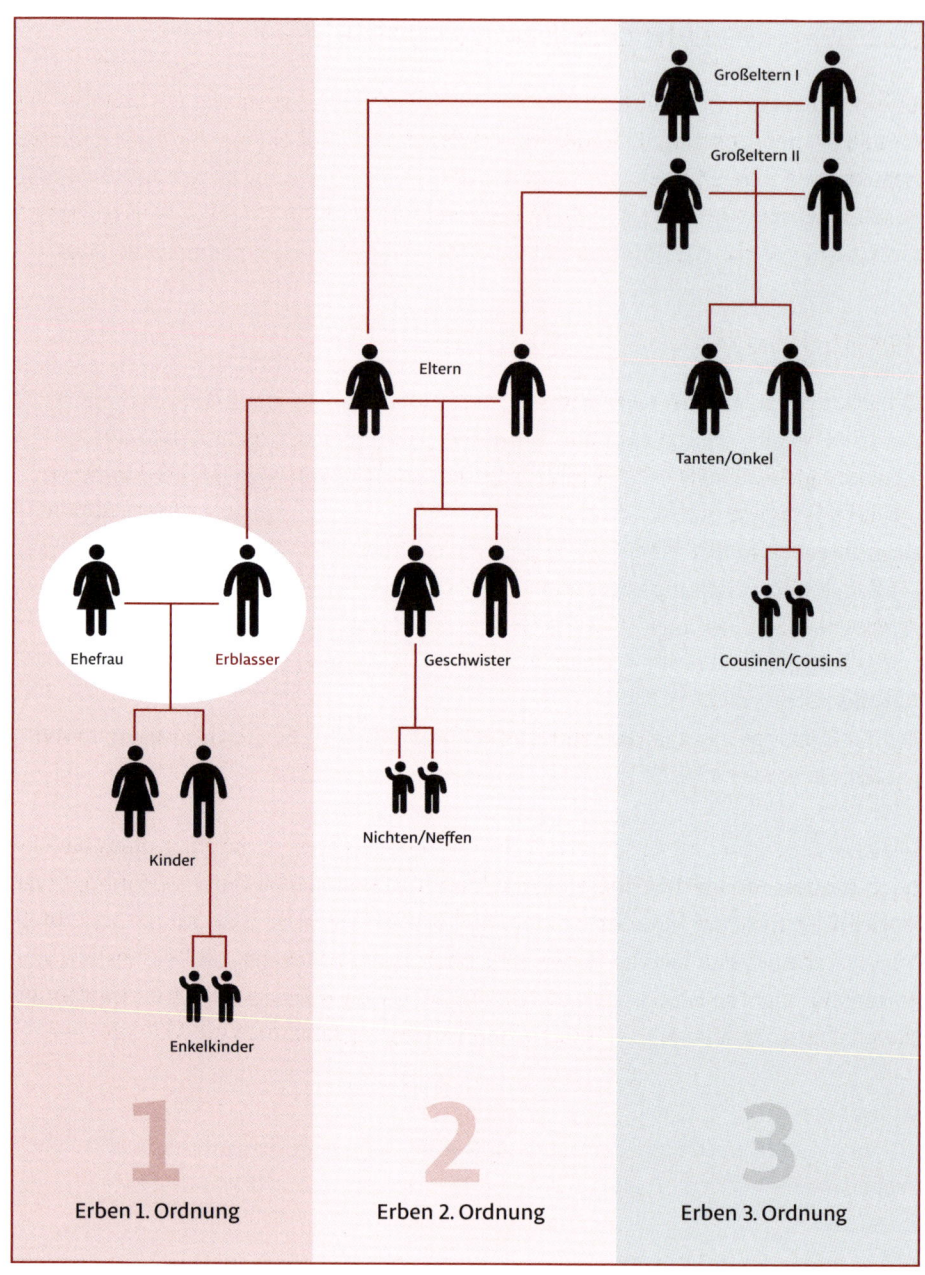

Großeltern I

Großeltern II

Eltern

Tanten/Onkel

Ehefrau   Erblasser

Geschwister

Cousinen/Cousins

Kinder

Nichten/Neffen

Enkelkinder

1 Erben 1. Ordnung

2 Erben 2. Ordnung

3 Erben 3. Ordnung

Die Sonderrolle des Ehepartners

Ist der Erblasser verheiratet, so hat der Ehepartner eine besondere Position bei der Aufteilung der Erbschaft. Ehepartner und der/die Erbe(n) aus der gesetzlichen Erbfolge teilen sich das Erbe.

Da es verschiedene wirtschaftliche Güterstände in der Partnerschaft gibt, werden diese bei der Erbschaft unterschiedlich berücksichtigt.

Wer erbt wie viel?

- Grundsätzlich ist der überlebende Ehepartner oder gesetzliche Lebenspartner mit ¼ neben den eigenen Kindern, unehelichen Kindern des Partners, Kindern aus früheren Partnerschaften des Partners und Adoptivkindern aus der 1. Ordnung beteiligt, neben Erben aus der zweiten Ordnung – wenn es keine Kinder gibt – zu ½. Im Fall einer Zugewinngemeinschaft steht dem Ehepartner zusätzlich der Zugewinnausgleich von ¼, also insgesamt ½, zu.
- Der überlebende Ehepartner erbt alles, wenn es keine Erbberechtigten aus der 1. und 2. Ordnung gibt und die Großeltern (3. Ordnung) des Erblassers bereits verstorben sind.
- Der Ehepartner hat auch einen Anspruch auf alle zur Haushaltsführung gehörenden Gegenstände.

Voraussetzung für eine Erbberechtigung des Ehepartners ist natürlich, dass die Ehe noch besteht. Wenn die Scheidung nach dem Trennungsjahr bereits beantragt war, ist der Ehepartner nicht mehr erbberechtigt. Leben beide zum Zeitpunkt des Erbfalles im Trennungsjahr, ist die Scheidung noch nicht vollzogen, und es besteht Anspruch auf das Erbe. Geschiedene frühere Lebenspartner sind nicht erbberechtigt, haben aber unter Umständen noch einen Versorgungsanspruch an den Erblasser.

Wenn der Lebenspartner stirbt, bekommt der überlebende Partner			
	Nebenerben 1. Ordnung (Kinder)	Keine Kinder, Nebenerben 2. Ordnung (Eltern, Geschwister)	Keine Erben 1. und 2. Ordnung, Neben- erben 3. Ordnung (Großeltern)
Zugewinngemein- schaft	die Hälfte	drei Viertel	drei Viertel, bei Tod der Großeltern alles
Gütertrennung	die Hälfte: ein Kind ein Drittel: zwei Kinder ein Viertel: drei und mehr Kinder	die Hälfte	die Hälfte, bei Tod der Großeltern alles
Gütergemeinschaft; Nachlass ist die Hälfte des Gesamt- gutes	ein Viertel	die Hälfte	die Hälfte, bei Tod der Großeltern alles

Der Staat erbt mit – die Erbschaftsteuer

Auf eine Erbschaft fällt Erbschaftsteuer an, deshalb muss das Finanzamt über eine Erbschaft informiert werden. Allerdings gibt es bei Verwandten großzügige Freibe- träge, und erst wenn diese überschritten werden, erhebt das Finanzamt eine Steuer.

Die Freibeträge und die Steuern auf das die Freibeträge übersteigende Vermögen sind abhängig vom Verwandtschaftsgrad. So können Sie als Erblasser abweichend von der gesetzlichen Erbfolge und unter Beachtung der Pflichtanteile Ihren nicht verhei- rateten Lebenspartner als Erben einsetzen. Er wird aber nicht so viel Freude daran haben, da er lediglich eine Freigrenze von 20 000 Euro hat und mit der Erbschaft- steuerklasse III den die Freigrenze übersteigenden Betrag versteuern muss. Bei einer Schenkung zu Lebzeiten des Erblassers gelten die gleichen Steuerbelastungen.

❂ **Tipp: Große Vermögen verteilen durch die Güterstandsschaukel.** *Ist der Zugewinn in einer gesetzlichen Gütergemeinschaft sehr ungleich verteilt, kann der Zugewinn durch einen Wechsel in den Güterstand der Gütertrennung steuerfrei ausgeglichen werden. Nach einiger Zeit ist eine Rückkehr in die gesetzliche Zuge- winngemeinschaft erneut möglich. Ob jeweils ein Gestaltungsmissbrauch vorliegt, wird von den Finanzämtern geprüft. Diese Güterstandsschaukel kann nur von einem Fachmann durchgeführt werden.*

Eine Variante bei kleinem Vermögen ist es, innerhalb der steuerlichen Freibeträge Vermögen zu verteilen und vielleicht auf ein gemeinsames Konto zu legen. So wird bei einem späteren Erbfall der Freibetrag nicht überschritten.

Freigrenzen nutzen

Übersteigt das zu vererbende Vermögen die Freigrenze, so kann der Erblasser alle zehn Jahre eine Übertragung oder Schenkung gewähren, so den Nachlass reduzieren und durch diese Gestaltungsvariante mögliche Erbschaftsteuern vermeiden. Aber Vorsicht: Verschenkt ist verschenkt!

Die Freigrenze entspricht in gleicher Höhe den Freigrenzen bei der Erbschaft. Der Erblasser kann so seinen Kindern eine Wohnung oder ein Grundstück im Wert von 400 000 Euro schenken, und bei einem Erbfall haben diese Kinder weiter eine Freigrenze von 400 000 Euro. Theoretisch vererben sich so bei einer Schenkung an leibliche Kinder bis zur Freigrenze 800 000 Euro, ohne Steuern zu bezahlen. Und wenn die Schenkung mehrfach angewandt wird, unter Beachtung der Zehnjahresfrist, auch mehr. Wenn bei zwei Kindern aber nur ein Kind eine Schenkung bekommt, könnte das andere Kind bei einem Erbfall innerhalb von zehn Jahren den Pflichtteilergänzungsanteil zusätzlich zum Pflichtteil einfordern. Deshalb sollten Schenkungen sowie das ganze Testament bei mehreren gleichberechtigten Erben transparent besprochen und im Testament ausgeglichen werden.

Vorsicht: Pflichtteil und Pflichtteilergänzungsanspruch

Hat der Erblasser vor seinem Tod einen Teil oder sein ganzes Vermögen verschenkt, um vielleicht den Anteil für den Pflichtteil zu reduzieren, so zählt diese Schenkung dennoch ganz oder in Teilen zur Erbmasse dazu.

Liegt die Schenkung mehr als ein Jahr zurück, so werden 10 % abgezogen und für jedes weitere Jahr weitere 10 %. Liegt die Schenkung allerdings zehn Jahre oder mehr zurück, dann kann diese Summe nicht mehr dem Nachlass zugeschlagen werden, und der Pflichtteilergänzungsanspruch erlischt.

Eingeschränkt ist dieses jährliche Abschmelzen, wenn die Schenkung an die Ehefrau erfolgte oder wenn der Schenkende das Geschenk weiter selbst nutzte oder ein vollumfängliches Nießbrauchrecht hatte. Dies ist beispielsweise bei einer Immobilie

Steuerfreigrenzen bei einer Erbschaft			
Verwandtschaftsgrad	Freibetrag	Hausratsfreibetrag	Versorgungs-freibetrag
Ehegatten und eingetragene Lebenspartner	500 000 Euro	41 000 plus 12 000	256 000
Kinder, Stiefkinder	400 000 Euro	41 000 plus 12 000	10 300 bis 52 000
Enkel	200 000 Euro	41 000 plus 12 000	
Eltern, Großeltern	100 000 Euro	41 000 plus 12 000	
Alle anderen Erben	20 000 Euro	12 000	

der Fall, die sich der schenkende Erblasser zum Nießbrauch vorbehalten hat. Dann zählt dieser Vermögenswert im vollen Umfang zum Nachlass und auch bei der Berechnung des Pflichtteilanspruches dazu.

Erben werden in drei Steuerklassen eingeteilt

Steuerklasse I: Ehegatten, Kinder, Stiefkinder, Enkel, Urenkel, Eltern, Großeltern
Steuerklasse II: Geschwister, Neffen, Nichten, Stiefeltern, Schwiegerkinder, Schwiegereltern, geschiedene Ehegatten
Steuerklasse III: Alle weiteren Erben

Aus diesen Steuerklassen ergeben sich unterschiedlich gestaffelte Erbschaftsteuersätze für die die Freibeträge überschreitenden Summen:

Zu versteuernde Erbschaft oder Schenkung nach Abzug der Freibeträge			
	Steuerklasse I	Steuerklasse II	Steuerklasse III
bis 75 000	7 %	15 %	30 %
bis 300 000	11 %	20 %	30 %
bis 600 000	15 %	25 %	30 %
bis 600 0000	19 %	30 %	30 %
bis 13 000 000	23 %	35 %	50 %
bis 26 000 000	27 %	40 %	50 %
über 26 000 000	30 %	43 %	50 %

Immobilien steuerfrei erben

Eine Ausnahme gibt es beim Erben von Immobilien. Der verwitwete Partner kann ohne Bedingungen steuerfrei in der selbst bewohnten Immobilie bleiben. Die einzige Auflage ist, dass er auch die nächsten zehn Jahre dort seinen Lebensmittelpunkt hat. Bei einem vorzeitigen Verkauf wird eine Erbschaftsteuer fällig. Bedingung ist, dass der Partner Erbe der selbst bewohnten Immobilie ist und keine Pflichtteilsansprüche über den Wert des Hauses oder der Wohnung zu erfüllen hat. Über ein im Testament eingetragenes Nießbrauchrecht können Ansprüche weiterer Erben, die das Haus verkaufen wollen, um Ansprüche erfüllt zu sehen, eventuell abgewehrt werden.

Auch Kinder erben eine Immobilie der Eltern steuerfrei, wenn diese nicht mehr als 200 Quadratmeter Wohnfläche hat und sie für mindestens zehn Jahre dort wohnen wollen.

Alle anderen Verwandten müssen eine Immobilie nach ihrer Erbschaftsteuerklasse und nach Abzug ihres Freibetrags nach verschiedenen Preisermittlungsverfahren etwa in der Höhe des Verkehrswerts versteuern.

Ehegatten haben zusätzliche Vorteile

Zu der Möglichkeit, selbst genutzte Immobilien steuerfrei zu erben und den üppigen Freibetrag von 500 000 Euro auszuschöpfen, haben Ehegatten weitere Begünstigungen.

Zusätzlich steht dem überlebenden Ehepartner ein Versorgungsfreibetrag von bis zu 256 000 Euro zu. Mit diesem Freibetrag werden Rentenversorgungsleistungen wie eine Witwenrente verrechnet. Der Betrag kann sich je nach Leistungsumfang reduzieren. Da dieser Betrag individuell zu berechnen ist, lohnt es sich, bei Bedarf im Internet einen geeigneten Kalkulator mit seinen persönlichen Daten zu programmieren, um die Höhe des eigenen Versorgungsfreibetrages zu errechnen. Der Wert errechnet sich, in dem die Jahresrente oder Jahrespension mit einem Vervielfältiger multipliziert wird. Der Vervielfältiger ist dabei abhängig von Geschlecht und Alter des erbberechtigten Ehepartners.

Vorsicht: Erbschaftsteuer auf die Ferienimmobilie

Wer in Deutschland seine Ferienimmobilie vererbt, unterliegt der deutschen Erbschaftsteuer. Die Bewertung erfolgt nach dem Verkehrswert. In vielen Ländern aber gibt es abweichende Gesetze, die zusätzlich eine Besteuerung des jeweiligen Landes, in dem die Ferienimmobilie liegt, vorsieht. Wenn es kein Doppelbesteuerungsabkommen gibt, dann können Sie die im Ausland abgeführte Steuer nicht gegenrechnen und bezahlen einmal in Deutschland und einmal im Ausland.

Die Schweiz, Spanien, Frankreich und auch die USA haben eine beschränkte Steuerpflicht für Immobilien. Dies bedeutet, dass in diesen Ländern eine Steuerpflicht für Erben droht, ohne dass diese einen Bezug zu diesen Staaten haben. Da kann es vorkommen, dass auch ein existierendes Doppelbesteuerungsabkommen nicht vor einer höheren Besteuerung schützt. Auch ändern sich Rechtsverhältnisse. Um einen Einblick in die Rechtsvielfalt zu bekommen, hier einige Beispiele:

- In Spanien muss regelmäßig Erbschaftsteuer bezahlt werden, die aber auf die deutschen Erbschaftsteuern angerechnet wird. Ein den Partner begünstigendes »Berliner Testament« ist dort unbekannt und ungültig. Lebte der Erbe (also der Partner) im Jahr vor dem Tod des Erblassers ein halbes Jahr in Spanien, muss er das Erbe unbeschränkt in Spanien versteuern. Dort gilt nur ein Freibetrag von 16 000 Euro.
- Wer als Deutscher in Österreich erbt, muss zwar keine Erbschaftsteuer bezahlen, aber es wird Grunderwerbsteuer fällig.
- In Italien gilt eine hohe Steuerfreigrenze von 1 Million Euro für Ehefrau und Kinder. Das kann helfen, eine Erbschaftsteuer zu vermeiden, die sonst fällig wäre.
- In Frankreich gilt französisches Erbrecht. Kinder sind hier gegenüber dem Ehepartner privilegiert, und der Lebenspartner kann vollständig enterbt werden.

Zudem wird nicht jede Form eines Testamentes, wie das zwischen Eheleuten beliebte Berliner Modell, das beide gegenseitig begünstigt, oder eines Erbvertrages, der in vielen Ländern unbekannt ist, im Ausland anerkannt. Ihr Testament könnte für die Ferienimmobilie ungültig sein, und es gilt dann das gesetzliche Erbrecht, unter Umständen sogar das Recht des jeweiligen Staates, in dem die Auslandsimmobilie liegt.

Eine kompetente Beratung, wie die Besitzübertragung der Ferienimmobilie nach dem Tod oder eventuell auch schon vorher, konform mit den verschiedenen Rechts- und Besteuerungssystemen, behandelt werden sollte, ist daher anzuraten.

Das Online-Kontroll-system des Finanzamts

Machen wir uns nichts vor, der gläserne Bürger ist Realität. Global agierende Firmen und Finanzjongleure können ihr Vermögen in Steueroasen ohne Kontrollpflichten zwar weiter vor dem Zugriff der Steuerbehörden schützen, aber der Spielraum für den Normalbürger wird täglich kleiner. Ausnahmen sind Bargeld, Gold oder spekulative Bitcoin-Währungen – die letzten Freiheiten des kleinen Mannes. Man kann Immobilien mit Bargeld kaufen, und es gibt kein zentrales Immobilienregister in Deutschland. Fragen Sie den Finanzminister, warum das immer noch so ist, aber bei einem Verdacht auf Geldwäsche muss dies gemeldet werden. Käufer aus dem Ausland oder Briefkastenfirmen wissen, wie das anonym umgangen werden kann. Dem Verkäufer sichert das einen guten Gewinn. Wenn beim Verkauf noch ein unklarer Baranteil den Besitzer wechselt, sollte zumindest Misstrauen erlaubt sein.

Die Rentenbezüge sind dem Finanzamt bekannt

Rentenbezüge, egal ob von der gesetzlichen Rentenversicherung, vom berufsständischen Versorgungswerk oder der Betriebsrente und einer privaten Versicherungsgesellschaft werden automatisch unter Ihrer lebenslangen persönlichen Steuernummer an das Finanzamt gemeldet.

Parallel bekommen Sie Post von den auszahlenden Instituten, die auch genau angeben, welcher Teil der Rente steuerpflichtig ist und welche Teile der Auszahlung steuerfrei sind. Wenn Sie Ihre Steuererklärung selbst anfertigen, enthalten diese Schreiben auch, wo Sie Ihre Angaben in dem Steuerformular eintragen sollen.

Die Rentenbezugsmitteilungen der Rentenversicherungsträger werden von der zentralen Zulagenstelle für Altersvermögen, die alle Daten sammelt, an die Finanzbehörden weitergeleitet. Dies betrifft Rentenversicherungen, Versorgungswerke,

Pensionskassen und Pensionsfonds wie auch Versicherungen und Anbieter von Riester- oder Rürup-Renten. Die Rentenbezugsmitteilungen enthalten alle personenbezogenen Angaben, die Steueridentifikationsnummer und die Höhe und Dauer des Rentenbezugs. Aus diesen Daten kann das Finanzamt verlässliche Steuerforderungen ableiten und einfordern. Diese Angaben sind auch ein Teil der Grundlagen für die Ausstellung einer drei Jahre gültigen Nichtveranlagungsbescheinigung, soweit der steuerpflichtige Rentner diese beantragt.

Wenn Sie sich bei www.elster.de, dem Online-Steuerprogramm des Finanzamts, registriert haben, können Sie Ihre Steuererklärung elektronisch abgeben. Sie haben dann die Möglichkeit, die bekannten Daten des Finanzamtes in das Formular zu laden. Die entsprechenden Felder zum Rentenbezug oder den Beiträgen für Kranken- und Pflegeversicherung sind dann dunkelgrün unterlegt. Auch gibt es unter dem Menüpunkt »Bescheinigungen verwalten« die Funktion, die dem Finanzamt bekannten Daten anzusehen und zu kontrollieren. Voraussetzung ist eine abgeschlossene Registrierung. Das ist vielleicht beim ersten Mal ungewohnt, aber letztlich gar nicht so schwer.

Freistellungsaufträge

Die Freistellungsbescheide über Zinserträge können vom Finanzamt überprüft werden. Gibt es Freistellungsaufträge über die Freibeträge von 1000 bzw. 2000 Euro bei Ehepaaren hinaus und werden entsprechend mehr Kapitalerträge steuerfrei gestellt, so leuchtet sinnbildlich eine rote Lampe auf Ihrem Steuerkonto auf. In der EU gibt es seit dem Jahr 2005 einen Austausch der Informationen über die Kapitalerträge. 2016 ist dieser automatische Austausch über Finanzinformationen auf über hundert Staaten ausgeweitet worden. Kapitalerträge, Kontosalden, Depotbewegungen auf Auslandskonten werden an die Steuerbehörden des jeweiligen Kontoinhabers gemeldet. Die Geschäfte mit Steuer-CDs werden zunehmend überflüssig.

Natürlich, machen wir uns nichts vor: Die Lücken sind nach wie vor riesengroß, und jeder kann eine Geschichte dazu erzählen. Das Finanzamt ist aber auch ein hervorragendes Werkzeug, um eine persönliche Kontroverse auszutragen. Nicht selten gibt die Ex-Frau oder der Kumpel im Kegelverein einen detaillierten Tipp an das Finanzamt. Es bleibt dabei: Mit reinem Gewissen schläft es sich am besten.

Wenn das Finanzamt die Steuererklärung fordert

Wer bislang keine Steuererklärung beim Finanzamt abgegeben hat, aber vermutet, dass bald eine fällig ist, da die Summe der steuerpflichtigen und noch nicht pauschal abgegoltenen Einnahmen den Grundfreibetrag zuzüglich abzurechnender Freibeträge und Pauschalen übersteigt, kann erst mal ruhig abwarten. Da das Finanzamt sehr genau im Bilde ist, schickt es im gegebenen Fall die entsprechende Aufforderung. Wer vorher mitrechnet, wird davon nicht überrascht und kann sich das Jahr über vorbereiten und entsprechende Quittungen und Unterlagen sammeln. Das Finanzamt hat bei einer Verpflichtung zur Steuererklärung sogar die Möglichkeit, diese auch für vergangene Jahre nachzufordern.

Steuererklärung auf dem Bierdeckel

Eine smarte Steuererklärung auf einer oder zwei Seiten ist immer ein Wahlkampfschlager.

Die Finanzämter von Brandenburg, der Hansestadt Bremen, von Mecklenburg-Vorpommern und vom Freistaat Sachsen haben sich eine Erklärung für die Veranlagung der Alterseinkünfte einfallen lassen, die tatsächlich abgespeckt auf zwei Seiten Platz hat. Die Erklärung besinnt sich auf das Wesentliche, was Rentner betrifft, wenn diese neben der Rente keine weiteren Einkünfte mehr haben. Der Link https://www.bundesfinanzministerium.de/Content/DE/Standardartikel/Themen/Steuern/Steuerliche_Themengebiete/Rentenbesteuerung/laendervordruck-vereinfachte-veranlagung-rentner.html.

Daten zu Renten, Pensionen und zu Kranken- und Pflegeversicherungen erhält die Steuerverwaltung vom jeweiligen Träger elektronisch. Diese Daten werden vom Finanzamt automatisch übernommen und müssen in diese Steuererklärung nicht mehr eingetragen werden. Pauschalen werden automatisch berücksichtigt.

So bleiben nur noch Vorsorgeausgaben, Spenden und Mitgliedsbeiträge, Kirchensteuer, außergewöhnliche Belastungen und haushaltsnahe Anwendungen, die, falls zutreffend, einzutragen sind.

Beispiel

Hat der Witwer im ersten Jahr nach dem Tod seiner Frau noch den Splittingtarif, so wird er im zweiten Jahr nach dem Tod mit dem Basistarif versteuert und bekommt als Einnahme zusätzlich eine Hinterbliebenenrente, so muss man kein Hellseher sein, um zu erkennen, dass ziemlich sicher eine Steuerpflicht eintreten wird.

Fristen des Finanzamtes

Die Fristen des Finanzamtes sollte man einhalten, da dieses sehr schnell und ohne Vorwarnung Verspätungsgebühren ansetzt und Verzugszinsen verlangt. Wobei, wenn Sie das erste Mal als Rentner eine Erklärung abgeben müssen, können Sie noch auf Kulanz hoffen. Die Steuererklärung muss in der Regel bis zum 31. Juli im Folgejahr vorliegen. Für Steuerberater gilt normalerweise die verlängerte Frist bis zum 28./29. Februar, also 14 Monate zum Ende des Steuerjahres.

> **Hinweis:** *Während der Corona-Pandemie gab es verlängerte Fristen. Ausnahme im Steuerjahr 2023: Ohne Beratung bis 2. September 2024, für Steuerberater bis 2. Juni 2025.*

Liegt danach die Steuererklärung nicht vor, kostet es monatlich mindestens 25 Euro Verspätungszuschlag. Schaffen Sie Ihre Steuererklärung nicht bis zum 31. Juli, ist ein Trick möglich: Gehen Sie zu einem Lohnsteuerhilfeverein und lassen Sie diese die Erklärung erledigen. Sie haben dann eine um sieben Monate längere Frist.

Aber denken Sie daran, je früher Sie die Erklärung abgeben, desto schneller haben Sie einen Erstattungsbetrag auf dem Konto. Erwarten Sie eine Nachzahlung, sollte man die Fristen dennoch nicht überziehen. Das könnte zusätzliches Geld kosten.

Die Steuererklärung online: Elster-Leitfaden

Ruheständler und Pensionäre, die keine Einkünfte aus selbstständiger oder freiberuflicher Arbeit haben, können es sich noch aussuchen, ob sie die Steuererklärung auf Papier oder elektronisch abgeben.

Erfahrungsgemäß ist nur das erste Mal etwas problematisch, und danach ist die einhellige Meinung: »Warum habe ich das nicht schon früher gemacht.« Für eine normale Steuererklärung ohne besondere Extras ist die elektronische Plattform für die Steuererklärung ganz brauchbar. Wer noch Einkommen aus Gewerbe oder Vermietung hat, kann auch auf ein kommerzielles Programm ausweichen, das besonderen Wert auf eine benutzerfreundliche Bedienung legt.

Registrieren bei Elster online

Am Anfang steht die Registrierung. Dazu rufen Sie im Internet www.elster.de auf. Schon auf der Startseite werden Sie an die Hand genommen, und Sie tippen die Schaltfläche »Benutzerkonto erstellen« an.

Die Registrierung ist selbsterklärend. Sie brauchen dazu Ihre persönliche Steueridentifikationsnummer. Wenn Sie diese nicht aufgeschrieben haben, können Sie auf dem letzten Steuerbescheid nachsehen. Sie steht oben links in der Ecke.

Wenn alles geklappt hat, bekommen Sie auf Ihren E-Mail-Account, den Sie angegeben haben, eine E-Mail, die Sie bestätigen müssen. Danach bekommen Sie eine zweite E-Mail mit Ihrer persönlichen Aktivierungs-ID und wenige Tage später auf dem Postweg den noch fehlenden Aktivierungscode. Das Finanzamt gleicht auf diesem Weg die Angaben und die Adresse des Einwohnermeldeamtes ab.

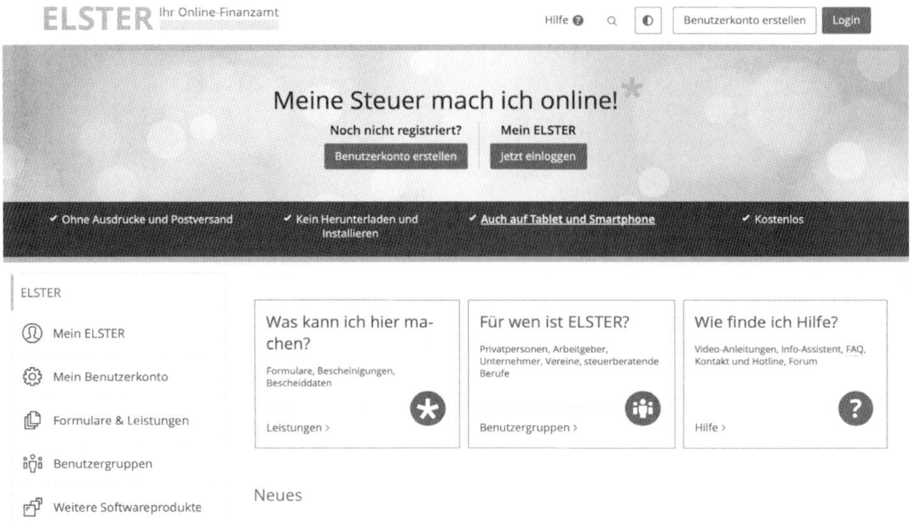

ELSTER Ihr Online-Finanzamt

Hilfe ❓ 🔍 ◐ | Benutzerkonto erstellen | Login

Meine Steuer mach ich online!*

Noch nicht registriert?   Mein ELSTER

Benutzerkonto erstellen   Jetzt einloggen

✓ Ohne Ausdrucke und Postversand   ✓ Kein Herunterladen und Installieren   ✓ **Auch auf Tablet und Smartphone**   ✓ Kostenlos

ELSTER

- 👤 Mein ELSTER
- ⚙️ Mein Benutzerkonto
- 🗐 Formulare & Leistungen
- 👥 Benutzergruppen
- 🗗 Weitere Softwareprodukte

Was kann ich hier machen?
Formulare, Bescheinigungen, Bescheiddaten

Leistungen ›

Für wen ist ELSTER?
Privatpersonen, Arbeitgeber, Unternehmer, Vereine, steuerberatende Berufe

Benutzergruppen ›

Wie finde ich Hilfe?
Video-Anleitungen, Info-Assistent, FAQ, Kontakt und Hotline, Forum

Hilfe ›

Neues

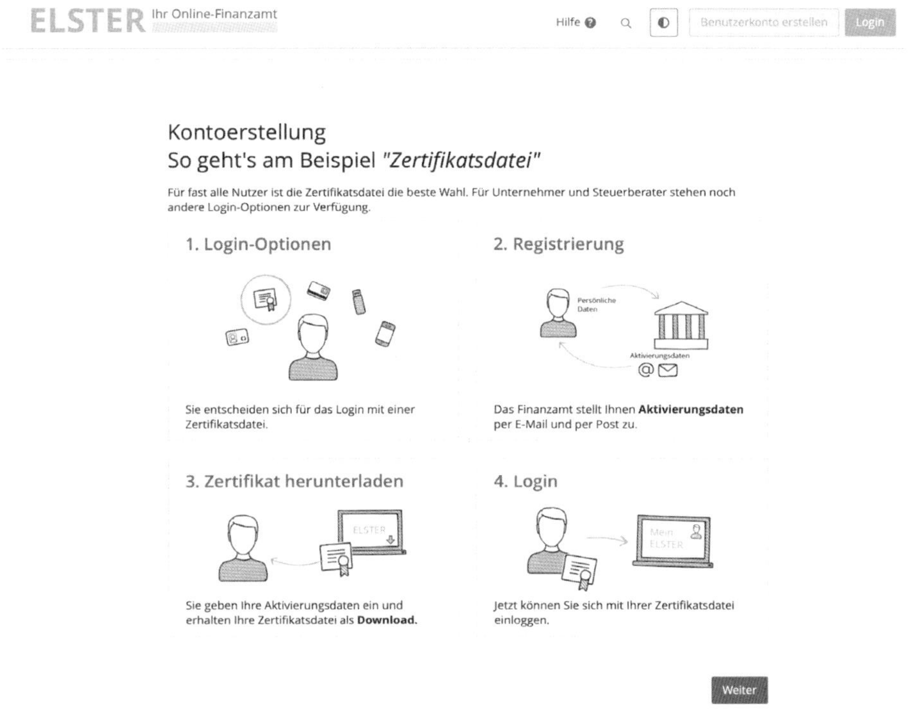

ELSTER Ihr Online-Finanzamt

Hilfe ❓ 🔍 ◐ | Benutzerkonto erstellen | Login

Kontoerstellung
So geht's am Beispiel *"Zertifikatsdatei"*

Für fast alle Nutzer ist die Zertifikatsdatei die beste Wahl. Für Unternehmer und Steuerberater stehen noch andere Login-Optionen zur Verfügung.

1. Login-Optionen

Sie entscheiden sich für das Login mit einer Zertifikatsdatei.

2. Registrierung

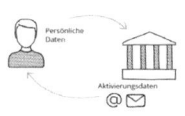

Persönliche Daten

Aktivierungsdaten

Das Finanzamt stellt Ihnen **Aktivierungsdaten** per E-Mail und per Post zu.

3. Zertifikat herunterladen

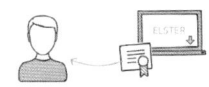

Sie geben Ihre Aktivierungsdaten ein und erhalten Ihre Zertifikatsdatei als **Download.**

4. Login

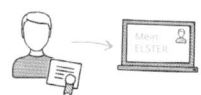

Jetzt können Sie sich mit Ihrer Zertifikatsdatei einloggen.

Weiter

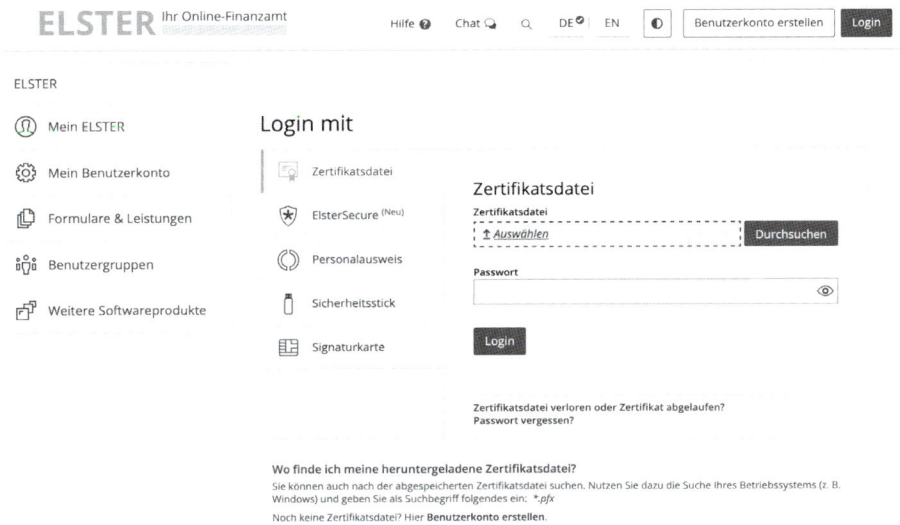

Mit der Aktivierungs-ID und dem Code können Sie im nächsten Schritt Ihr persönliches Passwort vergeben. Nun können Sie unter »Mein Elster« Ihre Zertifikatsdatei herunterladen. Sie hat die Endung ».pfx«.

Sie haben jetzt alles für den ersten Login getan, und damit ist die Registrierung abgeschlossen. Vervollständigen Sie noch Ihr persönliches Profil und hinterlegen Sie die Zertifikatsdatei auf Ihrem Computer.

Beim nächsten Login brauchen Sie nur noch das Kennwort eingeben und in der Suchmaske den Ort der Zertifikatsdatei anklicken. Wenn Sie ganz sichergehen wollen, legen Sie die Zertifikatsdatei auf einen USB-Stick, den Sie vor der Arbeit mit Elster-Online in den USB-Anschluss Ihres Computers stecken.

Tipp: *Was bei der Erstellung der Steuererklärung besonders angenehm ist, dass Sie die Daten abrufen können, die dem Finanzamt bereits vorliegen. Ihre Steuererklärung ist dann in vielen Teilen bereits vorausgefüllt. In der Onlineversion haben Sie auch immer die neuesten Anlagen und Formulare vor sich. Haben Sie letzten Jahr die Steuererklärung bereits ausgefüllt, können Sie diese Daten übernehmen und brauchen einzelne Angaben nur überschreiben.*

Offene Verfahren zu Steuerrechtsfragen

Viele Steuerbescheide werden als vorläufig bezeichnet. Das Steuerrecht ist in einem ständigen Wandel, und Entscheidungen ziehen sich oft über Jahre hin. Wenn Sie den Computer für die Registrierung bei Elster Online schon einmal gestartet haben, können Sie auf der Seite des Bundesgerichtshofes sehen, welche Verfahren dort noch verhandelt werden. Unter https://www.bundesfinanzhof.de/de/ können Sie diese unter der Registerkarte »Anhängige Verfahren« einsehen. Unter »Entscheidungen« finden Sie dann geklärte Fälle. Bei einem Problem ist es ganz spannend, dieses in der Suchfunktion zu benennen. Es ist nicht auszuschließen, dass sich die Richter damit schon befasst haben.

Es ist nur eine Frage der Zeit, bis alle Steuererklärungen digital und online erledigt werden. Die Papierformulare sind von gestern. Je schneller wir uns daran gewöhnen, desto leichter wird es. Bequem ist es auch. Ob die Daten sicher sind und die Diskussion über den gläsernen Bürger nötig ist, sind andere Themen. Auch wenn wir die Steuererklärung auf Papier machen, wird diese später digitalisiert. Es ist eine Bewegung, die wir aufmerksam und kritisch begleiten müssen, denn Steuerdaten sind sehr sensibel. Der Staat gehört uns, nicht wir gehören dem Staat.

Daten können Gutes bewirken, aber auch zum Nachteil für Verbraucher verwendet werden. Deshalb ist eine aufmerksame Haltung notwendig, denn es ist immer auch eine Güterabwägung. Scheint mir die Datenfreigabe für ein digitales Angebot angemessen oder steht diese in einem Missverhältnis? Es bleibt eine individuelle Abwägung. Grundsätzlich ist es richtig, lieber im privaten Modus zu surfen und bei Cookies nur absolut notwendige zuzulassen. Standortdaten sollten Sie nur erlauben, wenn es die Dienstleistung auch erfordert, wie beispielsweise bei einem Kartendienst für einen Routenplaner. Hinterlassen Sie nicht mehr Daten im Netz, als es notwendig und sinnvoll ist.

Krankenversicherung

Die Sozialabgaben für die Krankenversicherung sind neben der Besteuerung ein wesentlicher Ausgabenfaktor geworden und haben den Charakter einer zweiten Steuer. Besonders teuer ist es für freiwillig gesetzlich Krankenversicherte. Denn diese werden für alle Einnahmen bis zur Bemessungsgrenze zur Kasse gebeten.

Vorsicht: Für freiwillige Mitglieder der gesetzlichen Krankenversicherung gilt, dass das gesamte Einkommen die Bemessungsgrundlage für den Krankenkassenbeitrag bildet, so steht es im fünften Buch des Sozialgesetzbuches.

Die Unterschiede haben viele Rentner nicht im Blick, obwohl auch für sie im ungünstigen Fall auf die Rente und zusätzliche Einnahmen hohe Krankenkassenbeiträge zukommen. Es gibt drei Möglichkeiten der Krankenversicherung im Ruhestand: Entweder wird der Rentner als Pflichtmitglied in seiner gesetzlichen Krankenkasse geführt, oder er ist freiwillig in der gesetzlichen Krankenkasse versichert und somit deutlich schlechter gestellt. Oder aber er ist privat krankenversichert. Hier wird oft vor steigenden Beiträgen gewarnt.

Bei einer eher kleinen Rente ist es richtig, die gesetzliche Krankenversicherung als Pflichtversicherter zu wählen. Ein Alleinstehender mit einer zusätzlichen guten Betriebsrente muss unter Umständen hohe Krankenkassenbeiträge fürchten. Ein freiwillig gesetzlich Krankenversicherter mit zusätzlichen guten Einnahmen wie Betriebsrenten und Mieteinnahmen ist im Vergleich zwischen freiwillig gesetzlich krankenversichert oder privat versichert mit einer bereits lange bestehenden privaten Krankenversicherung meist besser gestellt.

Gesetzlich pflichtkrankenversicherte Rentner

Das einzige Kriterium, um den Status für die Krankenversicherung der Rentner zu bekommen, ist die Tatsache, dass der Versicherte zu 90 % in der zweiten Hälfte seines Erwerbslebens gesetzlich versichert war.

Beispiel für die 9/10-Regelung der KV der Rentner			
Arbeitsbeginn mit	Rentenbeginn mit	Mitte des Erwerbs-lebens beginnt mit	9/10-Regelung: mindestens gesetzl. krankenversichert
20 Jahren	65 Jahren	42 Jahren und 6 Monaten	90 % von 270 Monaten sind 243 Monate.
25 Jahren	63 Jahren	44 Jahren	90 % von 228 Monaten sind 206 Monate.
25 Jahren	65 Jahren	45 Jahren	90 % von 240 Monaten sind 216 Monate.

Der Vorteil für die Pflichtversicherten im Vergleich zu den freiwillig Versicherten ist, dass sie auf private Einkünfte wie Riester-Rente, Mieteinnahmen, Privatrenten oder Zinsen keine Krankenkassenbeiträge bezahlen müssen. Allerdings fallen für eine Betriebsrente auch für die Pflichtversicherten in der Krankenkasse der Rentner Sozialbeiträge für die Krankenkasse nach dem Freibetrag von 176,75 Euro (Stand: 2024-West) in voller Höhe an, also ohne Beteiligung der gesetzlichen Rentenversicherung.

Auch für Auszahlungen aus einer Lebensversicherung in einer Summe, deren Prämien vom Arbeitgeber als Form einer Betriebsrente bezahlt wurden und wo der Arbeitgeber als Versicherungsnehmer genannt ist, werden Beiträge fällig.

Wird diese Kapitallebensversicherung auf den Arbeitnehmer umgeschrieben, ist dieser bezugsberechtigt und bezahlt selbst die Prämien. Dann sind die privat finanzierten Erträge für pflichtversicherte Rentner sozialversicherungsfrei.

Die gesetzliche Rentenversicherung beteiligt sich mit der Hälfte an den Beiträgen zur Krankenversicherung, die sich aus der Höhe der gesetzlichen Rente ergibt. Zu den Beiträgen der Pflegeversicherung gibt es keine Zuschüsse. Die Wahl der Krankenkasse ist frei. Es gibt gesetzliche Krankenkassen mit besseren Leistungen und geringfügig günstigeren Zusatzbeiträgen. Verfolgen Sie die aktuellen Leistungsvergleiche in den Verbraucherzeitschriften.

Wer die 9/10-Regelung knapp verpasst, hat vielleicht doch noch Chancen, als pflichtversicherter Rentner eingestuft zu werden.

✪ **Tipp:** *Seit August 2017 werden für jedes Kind pauschal drei Jahre Versicherungszeit in der gesetzlichen Krankenversicherung mehr für die zweite Erwerbshälfte angerechnet. Mit diesem Bonus könnte es also trotzdem klappen. Dazu müssen Sie sich bei der Krankenkasse beraten lassen.*

Freiwillig gesetzlich krankenversicherte Rentner

Wer in der zweiten Hälfte seines Berufslebens nicht zu 9/10 in der gesetzlichen Krankenkasse versichert war, bleibt zwar auch während der Rente in der gesetzlichen Krankenkasse, gilt aber als freiwilliges Mitglied. Da freiwillig Versicherte prinzipiell für ihr gesamtes Einkommen während der Rente bis zur Beitragsbemessungsgrenze den vollen Beitragssatz für die Sozialversicherung bezahlen müssen, kann es ein böses Erwachen geben.

So kann ein privat Krankenversicherter, wenn er als Angestellter ein Einkommen unter der Beitragsbemessungsgrenze hat, bis zum 55. Lebensjahr in die gesetzliche Krankenversicherung wechseln. Eine Gelegenheit ist dabei beispielsweise eine Kündigung und der anschließende Bezug des Arbeitslosengeldes vor dem 55. Lebensjahr. Wechselt er dann aus der privaten in die gesetzliche Krankenversicherung, gibt er seine Beitragsrückstellungen in der privaten Krankenkasse auf. Im Rentenalter wird er dann je nach Umstiegszeitpunkt die 9/10-Regelung nicht erfüllen können und ist als Rentner freiwillig krankenversichert. Je nach Einkommenslage wird dann unter Umständen der volle Krankenkassenbeitrag ohne Arbeitgeberanteil (Beitragsbemessungsgrenze 2024: 5175,00 Euro) von derzeit rund 845 Euro zuzüglich Pflegeversicherung fällig. Bei 3000 Euro Einnahmen unter anderem aus gesetzlicher Rente, Betriebsrente, Riester-Rente, Mieteinnahmen, Zinseinnahmen und Nebenjob sind das auch noch 490 Euro Krankenkassenbeitrag.

Bei freiwillig Versicherten zählt alles zum beitragspflichtigen Einkommen, was zum Lebensunterhalt dienen kann. Dazu gehören auch Einmalzahlungen aus privaten Kapitallebensversicherungen. Er bezahlt für das komplette Einkommen ohne Freigrenzen Kranken- und Pflegeversicherung. Das ist möglicherweise ein sehr schlechtes Geschäft.

Diskussion: Drastische Beitragssteigerung auch bei gesetzlichen Krankenkassen

Von derzeit 16,3 % der Bruttogehälter auf 25 % und damit auf ein Viertel des Bruttoverdienstes werden die Kosten bei den gesetzlichen Krankenkassen im Jahr 2060 steigen. Die Versicherungsmathematiker in der Deutschen Aktuarvereinigung weisen in einer Prognose aus dem Jahr 2019 auf diese Gefahr hin, falls die Effizienz im Gesundheitswesen nicht gesteigert wird. Der Kostentreiber ist nach Ansicht der Aktuare nicht unbedingt die zunehmende Alterung der Gesellschaft, sondern die strukturelle Einnahmeschwäche durch zu geringe Lohnsteigerungen im Vergleich zum wachsenden Bruttoinlandsprodukt (BIP). Um das zu vereinfachen: Wenn über 20 % der Beschäftigten im Niedriglohnsektor ihr Einkommen finden, fehlen die nötigen Beiträge für die Gesundheitskasse. Das gleiche Dilemma betrifft natürlich auch die Pflegekasse. Von heute knapp 4 % steigen, prognostiziert für 2060, die Beiträge auf 8,5 %. Gesunde junge Zuwanderer würden die Situation für die Kranken- und Rentenversicherung verbessern.

Teure Überbehandlung ist ein weiterer Kostentreiber und belastet die Solidargemeinschaft. Überflüssige Knie- und Hüftprothesen oder Herzkatheder bringen Profit. 686 Millionen Euro Gewinn haben allein die Helios Kliniken in 2018 gemacht, nach Abzug aller Vorstandsgehälter. Im Jahr 2017 waren es 728 Millionen Euro (Quelle: statista.de). Letztlich stecken da Beitragsgelder drin, die Krankenkassen eingesammelt haben.

Gesetzlich Versicherte sind im Vergleich zu privat Krankenversicherten bezüglich Beitragssteigerungen also nicht unbedingt bessergestellt.

Auch bei Privatkassen sind natürlich Erhöhungen zu erwarten. Zusätzliche Beiträge sind auf weitere Einnahmen wie die Betriebsrente, Nebenjobs oder vom Arbeitgeber finanzierte Lebensversicherungen bei einer privaten Krankenversicherung nicht zu leisten.

Die Aktuare kritisieren zu Recht, dass privat Versicherte bei einem Wechsel in eine andere Privatkasse nicht die vollständigen Rückstellungen mitnehmen können, was einen gesunden Wettbewerb ausschließt.

Die gesetzliche Rentenversicherung bezahlt auf Antrag einen Zuschuss zur privaten oder freiwilligen Krankenversicherung über 7,3 % der Höhe der gesetzlichen Rente plus die Hälfte des Zusatzbetrags (0,85 %). Bei 1000 Euro Rente sind das rund 80 Euro. Zu den Beiträgen der Pflegeversicherung gibt es keine Zuschüsse.

Privat krankenversicherte Rentner

Wer privat krankenversichert ist, hat Vorteile, wenn es um die Gesundheit geht. In jungen Jahren ist die Höhe der Beiträge oft nur die Hälfte von dem, was sie als freiwillig Versicherte in der gesetzlichen Krankenkasse bezahlen würden. Dabei sind die Leistungen weitaus umfangreicher. In der gesetzlichen Krankenkasse würde diese Absicherung nur durch weitere kostenpflichtige Zusatzversicherungen abgedeckt werden. Freilich gibt es in der privaten Krankenversicherung keine Mitversicherung der Familienmitglieder. Aber wenn der Ehepartner durch seine Berufstätigkeit eine eigene Krankenversicherung hat, ist diese Frage bereits geklärt. Kinder stehen meist auf eigenen Beinen, wenn die Eltern in den Ruhestand gehen.

Der Staat hält – politisch gewollt – die Hürde für eine private Krankenversicherung hoch. Mindestens 69 300 Euro jährlich (Stand: 2024) oder monatlich 5775 Euro muss man verdienen, wenn man in die private Kasse wechseln will. Vermutlich gibt es sonst zu viele Wechselwillige? Die Beiträge für die private Krankenversicherung sind leistungsorientiert, aber unabhängig vom Einkommen: weder von der gesetzlichen Rente noch von einer Betriebsrente oder von sonstigen Einnahmen.

Im Alter steigen die Kosten für eine private Krankenversicherung aber an. Dies kann von mehreren Faktoren abhängen. Aber auch dann kann durch klugen Wechsel der Tarifgruppen und eine moderate Selbstbeteiligung der Beitragssatz deutlich gesenkt werden. Bei echten finanziellen Schwierigkeiten bleibt der leistungsreduzierte Standardtarif als Alternative – was in der Praxis große Probleme machen kann. Lassen Sie sich beraten.

Die Leistungen entsprechen dann denen von Kassenpatienten, und mit den Privilegien ist es natürlich vorbei.

Wer lange in der privaten Krankenversicherung Mitglied war, profitiert zusätzlich noch von den angesammelten Beitragsrückstellungen. Horrormeldungen von unbezahlbaren Versicherungsprämien im Alter entpuppen sich meist als übertriebene

Wer zahlt was?		
Freiwillig gesetzlich Krankenversicherte bezahlen für beinahe alle Einkommensarten		
	In der Krankenversicherung der Rentner	
	Beitragspflicht	Beitragssatz
Gesetzliche Rente	ja	7,3 % plus Zusatzbeitrag und Pflegeversicherung
Versorgungsbezüge, betriebliche Altersvorsorge, Betriebsrente, betriebliche Riester-Rente	ja	Rente: 14,6 % plus Zusatz und Pflege, auf den 176,75 (2024-West) überschreitenden Betrag, darunter beitragsfrei, Riester-Rente ohne Freibetrag
Renten aus Unfallversicherung oder berufsständischen Versorgungen und Lebensversicherungen		Rente: 14,6 % plus Zusatz und Pflege, auf ganze Rente, wenn 176,75 Euro (2024) überschritten werden; Einmalzahlung für Kapitallebensversicherung, bezahlt vom Arbeitgeber, umgelegt auf 120 Monate und mehr als 176,75 (2024-West) je Monat
Erwerbseinkommen	ja	Verdienst über 538 Euro/Monat, Versicherungspflicht
Selbstständiges Einkommen	ja	Gewinn über 176,75 Euro – reduzierter Satz 14,0 % plus Zusatz und Pflegeversicherung
Vorsicht: Eine hauptberufliche selbstständige Tätigkeit kann zum Ausschluss aus der Krankenversicherung der Rentner führen.	ja	Reduzierter Satz 14,0 % plus Zusatz und Pflegeversicherung
Mieteinnahmen	nein	keine Beiträge
Kapitalerträge, Dividende	nein	keine Beiträge
Private Rentenversicherung, private Riester-, Rürup-Rente	nein	keine Beiträge
Privat finanzierte Kapitallebensversicherung	nein	keine Beiträge

Freiwillig gesetzlich oder pflichtversichert

bis zur Beitragsbemessungsgrenze zusätzlich den vollen Krankenkassenbeitrag.

Freiwillig gesetzlich Versicherte		
Beitragspflicht	Beitragssatz	
ja	14,6 %, Zuschuss auf Antrag über 7,3 % in Höhe der gesetzlichen Rente plus Zusatzbeitrag und Pflegeversicherung	Gesetzliche Rente
ja	Rente: 14,6 % plus Zusatz und Pflege, auf ganze Rente ohne Freibetrag	Versorgungsbezüge, betriebliche Altersvorsorge, Betriebsrente, betriebliche Riester-Rente
	Rente: 14,6 % plus Zusatz und Pflege, auf ganze Rente Einmalzahlung für Kapitallebensversicherung, egal ob selbstfinanziert oder vom Arbeitgeber; Auszahlung umgelegt auf 120 Monate, unabhängig von Höhe	Renten aus Unfallversicherung oder berufsständischen Versorgungen und Lebensversicherungen
ja	Verdienst über 538 Euro/Monat, Versicherungspflicht	Erwerbseinkommen
		Selbstständiges Einkommen
		Vorsicht: Eine hauptberufliche selbstständige Tätigkeit kann zum Ausschluss aus der Krankenversicherung der Rentner führen.
ja	14,0 % plus Zusatz und Pflegeversicherung vom Nettogewinn (Mieteinnahmen minus Werbungskosten)	Mieteinnahmen
ja	14,0 % plus Zusatz und Pflegeversicherung auf Nettoeinkünfte (Einnahmen minus Werbungskosten)	Kapitalerträge, Dividende
ja	14,0 % plus Zusatz und Pflegeversicherung	Private Rentenversicherung, private Riester-, Rürup-Rente
ja	Auszahlung umgelegt auf 120 Monate; 14,0 % des Monatswertes plus Zusatz und Pflegeversicherung	Privat finanzierte Kapitallebensversicherung

Schlagzeile mit nur tendenziellem Wahrheitsgehalt. Wer im Alter mehr als die Durchschnittsrente und eventuell noch eine gut dotierte Betriebsrente bezieht und nur die Alternative zwischen freiwillig gesetzlich krankenversichert plus Zusatzversicherungen oder privat krankenversichert hat, ist privat oft besser aufgestellt. Letztlich erhöhen sich auch jährlich die Beiträge der gesetzlichen Krankenversicherung. Zu Buche schlagen können auch selbst bezahlte Behandlungen, gerade im Bereich der Zahnmedizin, die von der privaten, nicht aber von der gesetzlichen Krankenkasse bezahlt werden.

Auf die Beiträge der privaten Krankenversicherung bezahlt die gesetzliche Rentenversicherung auf Antrag einen Zuschuss von 7,3 %, bezogen auf die Höhe der Rente. Zu den Beiträgen der Pflegeversicherung gibt es keine Zuschüsse.

Wer im Rentenalter geringere Einkünfte hat, fährt mit der gesetzlichen Krankenversicherung plus der nötigen Zusatzversicherungen als Pflichtversicherter besser. Ein langjähriges Mitglied in der privaten Krankenkasse hat aber Vorteile gegenüber einer freiwilligen Mitgliedschaft in der gesetzlichen Krankenversicherung bei guten bis sehr guten Einkünften als Ruheständler. Klug gewählte Tarife in der privaten Krankenkasse helfen, die Beiträge zu senken.

Sonderfall Freiberufler

Für Freiberufler, die eine Rente von ihrem berufsständischen Versorgungswerk beziehen, gelten Sonderregeln. Falls sie nur eine Rente aus dem Versorgungswerk erhalten, müssen sie sich freiwillig versichern – auch wenn diese vorher in der gesetzlichen Krankenkasse versichert waren. Als Freiberufler waren sie immer nur freiwilliges Mitglied. Eine Ausnahme gilt für Freiberufler, die über die Künstlersozialkasse in der gesetzlichen Krankenversicherung Mitglied sind, diese werden als Pflichtmitglieder geführt und sind normalen Arbeitnehmern gleichgestellt.

Für alle Einkommensarten werden für Freiberufler Krankenversicherungsbeiträge fällig. Sind Freiberufler privat krankenversichert, erübrigt sich das Problem.

Freiberufler können nur dann Mitglied in der Krankenversicherung der Rentner sein und die entsprechenden Vorteile genießen, wenn sie neben dem Versorgungswerk auch eine gesetzliche Rente beziehen und die 9/10-Regelung erfüllen. Sie müssen dann, wie auch andere Mitglieder der Krankenversicherung der Rentner, nur

Krankenkassenbeiträge auf die gesetzliche Rente, die Altersrente des Versorgungs-werks und für Erwerbseinkommen aus selbstständiger oder angestellter Tätigkeit entrichten.

Der Unterschied: Freiwillig oder pflichtversichert

Der aktuelle Beitragssatz der gesetzlichen Krankenkassen beträgt 14,6 % und der re-duzierte Satz 14,0 %. Zusätzlich zahlen gesetzlich krankenversicherte Rentner die Hälfte des Zusatzbeitrags von durchschnittlich 1,7 % (Stand: 2024), den viele Kran-kenkassen erheben. Die andere Hälfte des Zusatzbeitrags übernimmt die gesetzliche Rentenversicherung. Für den Beitrag zur gesetzlichen Pflegeversicherung von 3,4 % für Rentner mit Kind und 4 % für Rentner ohne Kind (Stand: 2024) gibt es keinen Zu-schuss von der gesetzlichen Rentenversicherung.

Register